被討厭的勇氣

二部曲完結篇

人生幸福的行動指南

岸見一郎、古賀史健 著

葉小燕 譯

〈致臺灣讀者序〉
在臺灣，發現阿德勒的瓶中信

岸見一郎

小時候，我曾有過這樣的想像：如果讓裝了信件的瓶子任由海水漂流，是否真會收到回信？漂到異國海岸的瓶子，偶然映入在附近散步那人的視線。發現瓶中信的他，一時興起寫了回信。而接獲來信的我，欣喜若狂……

直到《被討厭的勇氣》出版前，阿德勒的思想在日本仍幾乎無人知曉，因此決定在臺灣翻譯出版時，我還擔心大家的接受度不知到底有多高。事實上，當我後來接獲消息，知道這本書上市不久後，旋即成為暢銷作品時，真的讓我感到非常開心。

我也曾直接收到好幾封臺灣讀者的來信。原來在臺灣，阿德勒的瓶子已經有許多人發現到了。

一本書能否稱得上是「經典之作」，唯有等待後世的評價。然而自《被討厭的勇氣》和本書《被討厭的勇氣　二部曲完結篇》出版以來，我一直暗自期許它們能成為經典。

要成為經典之作，必須符合兩個條件。

其一，這本書要歷經眾人長年來的閱讀傳誦。關於這一點，由於我們的著作才出版沒多久，儘管內心期盼它們得以在世代子孫持續閱讀下傳承綿延，但單就這項條件來說，或許還不足以成為經典。

不過要是說到另一項條件，我個人認為《被討厭的勇氣》或許可以稱得上經典。因為這本書已經跨越國界，即使在臺灣也已經擁有眾多讀者。就這層意義而言，《被討厭的勇氣　二部曲完結篇》未來或許也將成為經典。

當一本書可以不受限於國情的不同，廣為各國讀者所接受時，正表示書中的論述並不只適用於某個國家，也正是擁有普遍性內容的最佳佐證。

作家山本有三先生曾寫過一本名為《波浪》（暫譯）的小說。書中有一個角色，在面對一波波湧上而濺起的浪花時，說了一段話。儘管我們的父母因為曾受過苦，心裡想著再也不要子女經歷這些事，然而孩子們卻蔑視父母終其一生所歷練過的。彷彿不斷拍打著岸邊的浪濤，一代又一代的人們仍不斷重蹈覆轍：

雖然不知道人類自誕生以來是否已經活了數萬，或數十萬年，但我覺得似乎只有在這方面毫無進展。雖說大自然的步調是緩慢的，不過這未免也太慢了吧？難道是我這樣的想法太操之過急了嗎？

讀了那些貫古通今、橫跨東西的典籍後，會覺得過去的人類與現代並沒有什麼不同。可是不論人類的進步再怎麼緩慢，也不會是一成不變的。

阿德勒的思想有一股力量，讓讀過的人非得改變生活方式不可。

若能藉由閱讀《被討厭的勇氣　二部曲完結篇》，喚起各位擁有面對人生課題的勇氣，我將感到無比喜悅歡欣。

〈致臺灣讀者序〉

探究阿德勒的幸福要訣

古賀史健

一九九九年，透過岸見一郎老師的著作接觸到阿德勒心理學的我，受到一股有如天翻地覆般的衝擊：一直以來所相信的知識和常理完全被顛覆、向來掛在嘴邊的藉口再也說不通。我眼裡慣有的那片灰色世界，一口氣全部染上了色彩。

也可說是「與常識對立（反命題）」的阿德勒思想，給了當時身為苦悶青年的我極大的刺激、莫大的幫助，同時也讓我深受折磨。

例如在前作《被討厭的勇氣》中，哲學家斷言：

「所謂的自由，就是被別人討厭。」

我們在生活中或多或少都希望自己不要被別人討厭。然而光是顧慮著「不讓任何人討厭」來過日子，勢必得面臨極為不自由的生活方式，這也是事實。總是對周遭察言觀色、隱忍自己想做的事、吞下自己想說的話、一切為迎合他人而活。

這樣的生活完全失去「自由」，唯一剩下的，只有那段彷彿被無形枷鎖捆綁住手腳的人生。

想要獲得自由，就必須付出一些代價。而人類社會中所謂「自由」的代價，就是「被別人討厭」。

如此這般的阿德勒思想，具有瞬間解決人生苦惱的力量，同時卻也因為所需的「代價」過於龐大，而伴隨著實行上的困難。

在《被討厭的勇氣　二部曲完結篇》中登場的，正是為了實踐阿德勒思想而苦惱的年輕人。

故事的舞臺，是前作的三年後。當年受阿德勒思想感召並決心要實踐阿德勒式生活的年輕人，再度拜訪了哲學家：「您所說的全是謊言。阿德勒的思想根本無法應用於現實社會，只不過是理想論。」他為此而憤怒到全身顫抖。說不定此刻的您，也正有著同樣的疑問。

為什麼我們即使知道了阿德勒的思想並打從心底表示贊同，卻還是難以付諸實現？為擁有自由、為了幸福所需的代價，又該如何去承受？

前作《被討厭的勇氣》論及人生中的多項課題，其核心的關鍵提問可說是：

「該怎麼做，人才能獲得自由？」

相對於此，本書所要探究的問題則是：「該怎麼做，人才能變得幸福？」

相較於前作，這位年輕人將以更為激昂、時而情緒化的方式去質問哲學家；哲學家則以更堅毅、間或嚴厲的言詞與態度來面對年輕人。正有如岸見老師與我為本書執筆的過程中，一再反覆激烈論辯的身影。

說起來相當奇妙，當初我在聽說前作《被討厭的勇氣》受到臺灣眾多讀者喜愛時，並沒有感到特別意外。究竟是為什麼呢？大致來說，有以下兩項因素：

首先，我個人對於臺灣的各位感覺格外親近。儘管語言與國籍並不相同，但不知為何，感覺不像外人，而像是夥伴。尤其是二〇一一年的東日本大震災時，承蒙各位大力支援，這份感激之情，至今依然深深烙印在我們日本人內心。

其次，是因為阿爾弗雷德．阿德勒的思想是超越時代、國籍的普遍論述。一百多年前出生於奧地利維也納市郊的阿德勒，不只是一位從事臨床治療的精神科醫師，他同時也是啟迪全人類、留下普遍且共通訊息的偉大思想家、哲學家。時隔百年的今天，他的思想以亞洲為中心，引爆佳評如潮，對此，我個人由衷感到喜悅。

阿德勒希望我們拿出莫大的「勇氣」。這絕非簡單輕易，而是嚴苛艱難的勇氣。然而只要能夠擁有這份勇氣，我們就可以改變自己、改變未來，還有包含過去在內的整個人生。勇氣哲學家——阿爾弗雷德・阿德勒的思想，請各位務必一探究竟。

楔子

那理當是一次更為開朗友好的訪談。「下次還有機會的話，不再動不動就說要駁倒您的論點什麼的，我會以一位無可替代的友人身分來拜訪。」當天道別的時候，年輕人確實說了這麼一句話。然而三年光陰流逝，今天他抱持著完全不同的目的來到哲學家的書房。年輕人因為自己即將吐露的事由之重大而顫抖著，究竟該從何說起，眼前還沒理出個頭緒。

哲學家　來吧，可以請你說來聽聽嗎？

年輕人　好吧，說到我為什麼會再度來到這間書房呢？很遺憾的，並不是為了要和老師您閒話家常敘敘舊。老師自己也很忙，而我也不是可以在這裡閒聊打發時間的人。當然是因為有緊急的事，才會再次來拜訪。

哲學家　想必是吧。

年輕人 我也考慮過了。這是經過極度苦惱且徹底深入的思考，同時我也下了一個重大的決定。今天來這裡，就是要向您報告這件事。我想您應該很忙，但是請將今晚空出來給我，因為這恐怕會是我最後一次來拜訪。

哲學家 發生了什麼事嗎？

年輕人 ……您還不明白嗎？讓我痛苦不堪的課題，就是我**「是否該放棄阿德勒」**呀！

哲學家 喔。

年輕人 先從結論說起，阿德勒的思想根本是一場騙局，超級大騙局；不，還不只是這樣，應該說它是帶來毒害的危險思想！老師您自己選擇要相信，那是您的自由，但無論如何希望老師盡可能閉口不要再談了。因為我心中有這樣的想法，而且覺得至少該當著您的面和阿德勒一刀兩斷，所以決定了今晚這最後一次拜訪。

哲學家 應該是遇上了什麼事，讓你起了這樣的念頭吧？

年輕人 您請聽我從頭慢慢說。先說三年前，我向老師道別當天，也就是最後那一天的事，您還記得吧？

哲學家　當然記得。那是個有著銀白雪花紛飛的冬日。

年輕人　是的，那是一個滿月皎潔的澄淨夜晚。受到阿德勒思想感召的我以那一天為起點，向前邁進了一大步。我辭掉之前在大學圖書館的工作，找到了回國中母校教書的職務。心裡打算要實踐以阿德勒思想為基礎的教育方式，盡可能向更多孩子傳遞這樣的光芒。

哲學家　這是很了不起的決心，不是嗎？

年輕人　嗯，那時候的我，滿腔熱血都為了理想而燃燒。覺得這麼了不起、可以改變世界的思想，不應該藏在自己一個人心裡，必須傳達給更多人知道才行。我究竟該傳達給誰呢？……結論只有一個：應該認識阿德勒的，不是那些已經有點骯髒齷齪的大人，必須要傳遞給創造下一個世代的孩子們，這個思想才會進步發展，而那也正是我背負的使命……就像那樣，當時心中燃起的熊熊烈火幾乎要燒傷自己。

哲學家　原來是這麼一回事。不過這是在說那時候的你，是吧？

年輕人　沒錯，已經完全是過去式了。不，請您不要誤會了。我並不是對那些學生感到失望，也不是因為對教育本身失望而放棄。我只不過是對阿德勒感到失望；換句話說，就是對您很失望。

哲學家　為什麼？

年輕人　哈！那種事情您應該摸摸良心，問問自己啊！阿德勒的思想在現實社會中根本派不上用場，只不過是紙上談兵嘛！尤其是那個標榜什麼**「不可以稱讚，也不可以責罵」**的教育方針。先說清楚，我可是完全照規矩來的。既沒有稱讚，也沒有責罵。考試滿分不誇獎，打掃得很乾淨也不稱讚；忘記帶作業不責罵，上課秩序很亂也不會斥責孩子。結果您知道發生了什麼事嗎？

哲學家　……教室裡亂成了一團吧？

年輕人　就是這樣。唉，現在想想，會變成那樣根本是理所當然的。一切都怪我不好，那麼輕易就因為一些不值錢的伎倆受騙上當。

哲學家　那麼，後來你怎麼做？

年輕人　那還用說嗎？對於壞學生，就採用嚴厲責罵的手段。當然，老師您會斷言那是為了不費力而選擇的愚蠢方式吧。可是呢，我並不是那種埋頭研究哲學、完全沉浸在白日夢中的人。我是個活在現實之中，要為現場狀況負責、為學生的生命和人生負責的教育工作者。更何況，那種迫在眼前的「現實」是一刻也不能等待，時時刻刻都在轉變的！是不容許我兩手一攤什麼都不做的！

哲學家　效果又如何呢？

年輕人　不用說，到這個地步才去責罵，根本不會有效果。因為他們已經把我當成「懦弱的傢伙」而瞧不起我了……說真的，有時我甚至還會羨慕過去體罰時代的老師們。

哲學家　聽起來心情不太平靜喔。

年輕人　為了避免您誤會，我再補充一句，我可不是受到激動的情緒驅使而「生氣」的。我只是基於理性，將「責罵」做為教育最終極的手段罷了；也就是說，開了一帖叫做「責罵」的抗生素處方。

哲學家　你是說，只因為這樣就想要捨棄阿德勒嗎？

年輕人　唉，這只不過是其中一個比較容易了解的例子。阿德勒的思想確實是很了不起。他撼動了我的價值觀，讓灰暗陰沉的天空豁然開朗，感覺人生整個為之一變似的。他無懈可擊，簡直可以說是世界的真理……可是呢，他也只有在「這間書房」裡才行得通！一旦打開這扇大門、跳進現實世界裡，阿德勒的思想就太過於天真幼稚了，根本是不經用的論點、流於空泛的理想論。您只不過是在這間書房裡隨自己喜好構築了一個世界，沉溺在幻想之中而已。您對於真正的世界、那個森羅萬象的世界根本一無所知！

哲學家 原來是這樣……然後呢？

年輕人 所謂不稱讚也不責罵的教育，打著「自主性」的名號，放任學生的這種教育，不過就是放棄身為教育工作者的職責罷了！從今天開始，我要用一種和阿德勒不同的方式去面對孩子。不論那樣是否「正確」都沒關係，總之就是非得那麼做不可。既要稱讚，也要責罵。當然，嚴厲的處罰也是不能少的。

哲學家 我先確認一下，你不會辭去教育工作吧？

年輕人 那當然。要我放棄教育者這條路，是絕對不可能的。這是我自己選的路，它不是職業，而是一種「生活的方式」。

哲學家 聽你這麼說，我就安心了。

年輕人 難道您打算置身事外嗎?!只要我還是一名教育工作者，就非得在這裡先捨棄阿德勒不可！否則就是拋下教育工作者的責任，棄學生而不顧……老師，這會是一把刺向您咽喉的利刃。您打算怎麼回答呢?!

大家都誤解了阿德勒的思想

哲學家　首先，請讓我更正一下。剛才你提到了「真理」這兩個字。但是我個人在談論阿德勒的思想時，並不是把它當成絕對不變的真理。換句話說，就好像是提供了**眼鏡鏡片的處方**一樣。因為這副鏡片而使得視野變得清晰開闊的人應該有很多吧？另一方面，也有人因為它太多餘，反而看得更模糊。對於這樣的人，我並沒有強制要他們配上阿德勒的鏡片。

年輕人　喔，您打算閃避問題嗎？

哲學家　不是的。這樣回答你好了，**幾乎沒有其他思想像阿德勒心理學這樣，那麼容易遭受誤解，卻很難理解**。嘴上說「自己對阿德勒很了解」的人，絕大多數都誤解了他的思想。他們沒有帶著勇氣往真正的理解靠近，也不願意直視思想另一端無比遼闊的景色。

年輕人　大家都誤解了阿德勒？

哲學家　嗯。**如果有人一接觸到阿德勒的思想，就立刻感激萬分地表示：「我活得比較輕鬆了。」**這個人便是對阿德勒有很深的誤解。因為當你真正了解阿德勒對我們的要求所具有的那些實質內涵時，應該會為了要求之嚴厲而震驚到全身發抖。

年輕人 您的意思是說，就連我也對阿德勒有誤解嗎？

哲學家 目前為止聽你所說的內容，是那樣沒錯。不過話說回來，也不是只有你會這樣。許多阿德勒學派的門徒（阿德勒心理學的實踐者）是以誤解為入口而登上理解的階梯。相信你一定是還沒找到那道應該攀登的階梯；即使是年輕時候的我，也不是馬上就找到的。

年輕人 喔，老師也曾有過感到困惑的時候嗎？

哲學家 是啊，曾經有過。

年輕人 那就由您來教教我吧。您說的那道什麼通往理解的階梯在哪裡？而所謂的階梯到底又是什麼？老師您是在哪裡找到的？

哲學家 我很幸運。因為當我認識阿德勒的時候，正好是以家庭主夫的身分在養育孩子。

年輕人 什麼意思？

哲學家 透過孩子去學習阿德勒、和孩子一起實踐阿德勒，深入理解並獲得實證。

年輕人　我就是在問您究竟學到了些什麼，又得到了什麼樣的實證呀！

哲學家　**簡單來講，就是「愛」**。

年輕人　您說什麼？

哲學家　……應該不需要我再說一次吧？

年輕人　哈哈哈，真是可笑！您其他什麼的不說，竟然說是愛？您的意思是，要認識真正的阿德勒，就要先了解愛嗎？

哲學家　會因為這句話而笑，就表示你還不了解愛。再沒有比阿德勒所說的「愛」更嚴苛、更挑戰勇氣的課題了。

年輕人　呸!!反正又是那套充滿說教意味的博愛論吧？我連聽都不想聽。

哲學家　現在的你在教育工作上遇到瓶頸，顯露出對阿德勒的不信任，而且接連兩次激動地表示要捨棄阿德勒。為什麼需要那麼憤慨呢？想必你一定認為阿德勒的思想就像魔法一樣，只要揮一揮魔杖，一切都能立即實現。

如果是那樣的話，你是應該要捨棄阿德勒；**必須拋棄你一直以來帶有錯誤認知的阿德勒，認識真正的阿德勒**。

年輕人 才不是這樣！第一，我原先就沒有期待阿德勒像魔法一樣。第二，您之前應該說過這句話：**「無論任何人，從這一瞬間開始就能獲得幸福。」**

哲學家 是，我的確說過。

年輕人 這句話本身不正是所謂的魔法嗎！您一邊提出忠告說：「不要被假鈔給騙了。」一邊又將其他假鈔往人家手裡塞。這根本就是典型的詐欺手法！

哲學家 無論任何人，從這一瞬間開始就能獲得幸福。這不是什麼魔法，而是不爭的事實。無論是你，還是任何人，誰都可以向幸福跨出那一步。只不過**所謂的幸福，並不是停留在原地就能享有的，一定要在自己邁出步伐的那條路上持續不斷前進。這一點必須事先釐清。**

你已經跨出了最初的那一步，而且跨出了一大步。可是你的勇氣遭受挫折，所以正打算停下腳步或折回原點，你知道為什麼嗎？

年輕人 您是在說我的耐力不夠吧？

哲學家 不是的。是因為你還沒有做出**「人生中最重大的抉擇」**，不過如此而已。

年輕人 人生中……最重大的抉擇？什麼抉擇？

哲學家　剛剛也跟你提過了，是「愛」。

年輕人　欸，這樣說誰聽得懂啊，您別想用抽象模糊的說法含混帶過!!

哲學家　我是認真的。你現在所面臨的問題，應該可以全部歸納在「愛」這個字上面。不論是教育方面，或是你自己應該向前邁進的人生問題。

年輕人　……好吧。看來似乎是值得論辯反駁的話題。那麼在進入真正的討論之前，容我先向您說一句，老師，我認為您毫無疑問是「現代的蘇格拉底」，只不過我說的不是在思想層面，而是在那份「罪過」。

哲學家　罪過？

年輕人　說到底，當年蘇格拉底是因為慫恿古希臘城邦——雅典的年輕人，並涉嫌使他們墮落而被判死刑的吧？後來他回絕了弟子們要他逃獄的建議，主動喝下毒藥離開人世……您不覺得很有意思嗎？如果要我來說的話，在這個古都宣揚阿德勒思想的您也背負著同樣的罪。總之，就是巧妙利用言詞慫恿不懂事的年輕人，使他們墮落！

哲學家　你是說你受到阿德勒影響而墮落了？

年輕人　就是因為這樣，我才會下定決心最後一次來拜訪。我不希望之後還有人再受害了，所以要先在思想論點上徹底將您擊倒才行。

哲學家 ……這將會是漫長的一夜。

年輕人 我們就用這個晚上，在天亮前討論出結果來吧。我不會一而再，再而三地來找您了。看看我到底是登上了理解的階梯，還是將您重要的階梯整個摧毀、棄阿德勒而去。就是二選一，沒有其他選項。

哲學家 我明白了。這是我們最後一次對話了是吧？嗯……看來，似乎該是時候做個總結了。

本書是以「年輕人與哲學家對話」的故事形式，闡述百年先驅——**阿爾弗雷德．阿德勒思想**（阿德勒心理學）的「**勇氣二部曲**」**完結篇**。

具體上來說，我們該怎麼走上前作《被討厭的勇氣》中點明的那條通往幸福的道路？日常生活中又要如何實踐阿德勒心理學？而**阿德勒所歸納的結論**——為了幸福，**人人都必須做出「人生中最重大的抉擇」**——究竟又是什麼？

猛藥般的哲學式問答再次揭開序幕。您是否擁有這份「勇氣」，與年輕人共同攀登這道通往理解的階梯呢？

第二部　為何否定「賞罰」？

第三部　由競爭法則到合作法則

第四部　凡給予的，就得著

第五部　選擇愛的人生

第一部　可惡的他，可憐的我

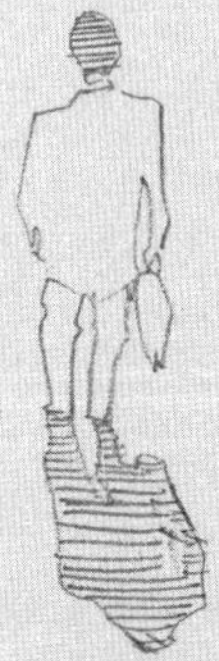

事隔三年，再度來到哲學家的書房，和當時幾乎沒有什麼不同。用慣的那張書桌上擺著一疊未完成的原稿。或許是為了不想被風吹散，上頭還放了一枝鑲金的老舊鋼筆。年輕人覺得這空間裡的一切都是那麼令人懷念，簡直就像自己的房間一樣。那本書自己也有，而這一本上星期才剛讀過。瞇起眼，細細端詳一整面書牆的年輕人深深嘆了一口氣，自己不可以就此安於現狀，必須走出去才行。

阿德勒心理學是宗教嗎？

年輕人　直到決定今天再次來拜訪，也就是打定主意要和阿德勒一刀兩斷前，我真的非常苦惱。那種苦惱完全超乎您的想像，因為阿德勒的思想是那麼有魅力；可是同時，打從一開始就心有疑惑也是事實。而那份疑惑，正是有關於「阿德勒心理學」這個名稱。

哲學家　喔，怎麼回事？

年輕人　依照「阿德勒心理學」這個稱呼，阿德勒的思想是心理學。就我所知道的，心理學應該是一門科學。可是阿德勒所倡導的言論中，有些地方實在並不科學。當然，既然是有關於「心理」的問題，不可能完全以數據來表示。這部分我很清楚。

可是呢，令人困擾的是阿德勒**在談論人的問題時，竟然也將「理想」牽扯在內**，簡直就像基督教所說的博愛之類的那種過度理想天真的教條。這樣吧，我先問第一個問題：老師您認為阿德勒心理學是「科學」嗎？

哲學家 如果你說的是嚴格定義下的科學，也就是那種有可能得到反證的科學，那應該就不算是吧。雖然阿德勒明白表示自己的心理學是「科學」，可是當年他開始談論到「社會意識」這個概念時，有許多夥伴因此離他而去。就和你一樣，他們認定「這樣的東西不是科學」。

年輕人 是呀，這對於以科學式的心理學為目標的人來說，是正常反應吧。

哲學家 關於這部分，其實到現在還是眾說紛紜。佛洛伊德的精神分析學、榮格的分析心理學，還有阿德勒的個體心理學，就不具反證的可能性這一點來說，都有些地方與科學定義不相容。那是事實。

年輕人 原來如此。今天我可是帶了筆記本，要好好記下來。您說——不能算是……嚴格定義下的……科學！那麼老師，您在三年前提到阿德勒的思想時，用了「另一個哲學」這個說法吧？

哲學家　是的。我認為**阿德勒心理學是與希臘哲學在同一線上的思想，是哲學**。關於阿德勒這個人也一樣。他在身為一名心理學家前，也是一位哲學家，是將自己的見解應用在臨床上的哲學家。這是我個人的認知。

年輕人　我懂了。那麼，從現在開始就是主題了。我很認真地想過阿德勒的思想，也好好地去實踐了。我並不是抱著懷疑的心態去做，反而像是一頭熱似地打從心底深信不疑。可是當我試著實踐阿德勒的思想時，尤其是在教育環境裡，竟然會出現令我訝異的反彈。而且不只學生這樣，甚至連其他老師都有意見。仔細想想，這也是理所當然的。因為我帶入的是一種與他們的價值觀完全不同的教育方式，也是頭一次試圖實行。於是忽然間，我想起有一群人的身影正好和我的遭遇吻合……您知道是哪些人嗎？

哲學家　喔，是什麼人？

年輕人　就是在大航海時代進入異教國家的那些天主教傳教士呀！

哲學家　喔。

年輕人 在非洲、亞洲，還有美洲大陸，這些天主教傳教士進入語言、文化，以及所信仰神祇都不相同的異地，去宣揚自己所相信的宗教。簡直就跟我一樣，抱著非宣揚阿德勒思想不可的想法當上了老師。他們這些傳教士之中，有傳教成功的，也有受到反彈打壓的，甚至還有人遭到殘忍的極刑對待。其實按常理來看，遭到拒絕是很正常的吧？

如果是這樣的話，這些傳教士到底要怎樣讓當地民眾捨棄原有的本土信仰、向他們宣揚新的「神」？因為這實在是一條相當艱難的道路。我無論如何都很想知道，於是跑去了圖書館。

哲學家 那是……

年輕人 啊，我還沒說完呢。就這樣，在我不斷翻找並閱讀那些有關大航海時代傳教士的書籍後，又發現到一件很有意思的事，那就是：**阿德勒的哲學，說穿了，不就是宗教嗎？**

哲學家 ……原來是這樣。

年輕人 您想想看，難道不是嗎？阿德勒所談論的理想並非科學。只要不是科學，到最後就會進入「信或是不信」的信仰層次，而且也會產生這樣的想法。

確實，在我們眼中，那些不知道阿德勒的人，看起來都像信仰著虛偽神祇的未開化野蠻人，所以我們想盡快教導他們真正的「真理」，覺得必須救助他們。可是在對方看來，或許我們才是那種信奉邪神、未受教化的人，我們才是應該接受救助的對象。不是嗎？

哲學家　當然，是可以這樣說。

年輕人　那麼請容許我問一句：阿德勒的哲學究竟和宗教有什麼不同？

哲學家　宗教與哲學的不同？這是個很重要的題目。在這裡，乾脆先把「神」的存在排除在外，再進行思考，會比較容易明白。

年輕人　喔……什麼意思？

哲學家　不論是宗教、哲學，還是科學，出發點都一樣：我們從哪裡來？身在何處？該如何活著？**以這些提問為出發點的，是宗教，是哲學，也是科學**。在古希臘時代，哲學與科學之間是沒有區分的，科學（science）這個字的字源是拉丁文的「scientia」，單單指「知識」的意思。

年輕人　嗯，當時的科學大概就差不多是那樣吧。不過問題是哲學和宗教。哲學和宗教到底有什麼不一樣？

哲學家 在那之前，先確實了解兩者的共通點或許會好一點。它們與停留在客觀事實認定上的科學不同；哲學或宗教，會論及對人類而言的「真」「善」「美」。這是一個很重要的關鍵。

年輕人 我知道。您的意思是，會涉及人類「內心」的，是哲學、是宗教。所以它們之間的差異，還有界線在哪裡？難道是在於「有神或是無神」這樣的論點上嗎？

哲學家 不。**最大的差異是有沒有「故事」吧**。宗教是以故事來說明這個世界的。要說的話，神明就是描述世界這部曠世鉅作中的主人翁。相對於此，哲學則不用故事。它是以一種沒有主角的、抽象的概念在說明這個世界。

年輕人 ……哲學不用故事？

哲學家 又或者，你可以這麼想。為了探究真理，在一片漆黑裡，我們走在一根長長的竿子上。我們對常識產生懷疑，不斷自問自答，就這麼一心一意地走在這根不知延伸到何處的竿子上。於是，我們偶爾會在黑暗中聽見發自內在的聲音：「就算再往前走，什麼也沒有。此處就是真理。」

年輕人 喔。

哲學家　接著，有些人會順從內在的聲音，停下腳步，從竿子上跳下來。那裡有真理嗎？我不知道。也許有，也許沒有。只是那種**停下腳步，中途從竿子上跳下來的狀況，我稱它為「宗教」。而哲學，則是永遠往前走**。至於神是否存在，一點關係也沒有。

年輕人　那麼永遠往前走的哲學，沒有答案嗎？

哲學家　哲學（philosophy）這個字來自於希臘語的「philosophia」，具有**「愛智」**的意思。也就是說，**所謂的哲學是「愛智之學」，哲學家則是「愛智之人」**。反過來說，一個無所不知、已經完全成為「智者」的人，就不再是愛智之人（哲學家）。近代哲學的巨人——康德說過：「我們無法學習哲學。我們只能學著去做哲學。」

年輕人　做哲學？

哲學家　是的。**哲學與其說是一門學問，不如說是生活的「態度」**。宗教，想必是在神的名義下談論「一切」吧——談論全知全能的神，還有來自神諭的教誨。在本質上，這是與哲學不相容的看法。

因此，若是有人自稱「無所不知」，並停下求知與思考的腳步，那麼無論他對於神明的存在與否有何看法或有無信仰，我都認為他已經涉足「宗教」。

年輕人 意思是說，老師您自己還「不知道」答案囉？

哲學家 不知道。我們一旦對某個思考對象產生「知道了」這個想法的瞬間，就不會繼續再追究。我總是一直不斷思考自己、思考他人，還有這個世界。所以我**永遠都「不知道」**。

年輕人 嘿嘿，就連答案都是那麼哲學。

哲學家 蘇格拉底透過和一些號稱智者（詭辯家）的人對話，得到一個結論：我（蘇格拉底）知道「自己所知並不完整」，我知道自己是無知的。可是他們這些詭辯家，也就是自稱「智者」的人們，認為自己知道「所有的一切」，卻對自己的無知一無所知。關於這一點，也就是**知道「自己的無知」這件事上，我比他們還有資格稱為智者**……這就是那段「無知之知」的名言。

年輕人 這樣說來，什麼答案也不知道，而且無知的您，到底要傳授什麼給我?!

哲學家 我不會傳授什麼給你，而是要和你一起思考，一起走下去。

年輕人 喔，走向竿子的前方？不跳下來？

哲學家　是的。不斷提問，永遠往前走。

年輕人　明知道詭辯已經行不通了，但您還真是信心十足。好吧，沒關係。就由我來將您從竿子上搖下來吧！

教育的目標是「自立」

哲學家　來吧，要從哪裡開始？

年輕人　現在我最迫切的課題，還是教育。就以教育為主軸來揭穿阿德勒的矛盾吧。因為阿德勒的思想中，有些地方打從根本就與「教育」觀念不相容。

哲學家　原來是這樣，似乎挺有意思的。

年輕人　阿德勒心理學中有一個概念是「**課題分離**」對吧？關於人生中的一切，都以「這是誰的課題？」這樣的觀點來分割看待「**自己的課題**」與「**他人的課題**」。比方說，上司討厭我。當然，這樣的感覺並不好受，通常都會努力試著要討人喜歡、受到認同。

但阿德勒卻斷定那樣是錯的。對於我的一舉一動，還有我這個人，他人（上司）要如何評斷，那是他人（上司）的課題，不是我可以控制的。就算我再怎麼努力想討他喜歡，上司還是很可能一樣討厭我。

所以阿德勒才說：**「你並不是為了滿足別人的期望而活。」**而且**「別人也不是為了滿足你的期望而活。」**不要懼怕他人的目光、不必在意他人的評價，也毋須尋求他人的認同，只要選擇自認為最好的那條路。另外他還說，不可以介入他人的課題，也不要讓他人干涉自己的課題。這對於第一次接觸阿德勒心理學的人來說，是帶來極大衝擊的概念。

哲學家　嗯。如果可以做到「課題分離」，在人際關係上的煩惱就會減少很多。

年輕人　另外老師您還提到，要分辨那是誰的課題，方法很簡單。只要想想**「因為這個決定而帶來的結果，最後將由誰來承受？」**就可以了，沒錯吧？

哲學家　沒錯。

年輕人　當時老師您所舉的例子是孩子念書這件事。當孩子不用功念書的時候，考慮到孩子的將來，父母就會訓斥他快去讀書。可是「不用功念書」所帶來的後果——像是進不了心目中的理想學校，或是不容易找工作——最後要由誰來承受？當然是孩子自己，再怎樣都不會是父母。換句話說，讀書是「孩子的課題」，不是父母應該介入的課題。這部分也沒錯吧？

哲學家　嗯。

年輕人　那麼，這裡就會出現一個很大的疑點：讀書是孩子的課題，我們不可以介入孩子的課題。假設在這樣的情況下，「教育」究竟算什麼？我們這些所謂的教育工作者又算是什麼樣的角色？本來就是這樣嘛，依照老師您的說法，要求孩子用功讀書的這些教育工作者，根本就是帶著一腳爛泥踩進了孩子的課題，是一群非法入侵者呀！哈哈，怎麼樣，您能夠回答嗎？

哲學家　原來是這麼回事。這也是我和一些教育工作者談論到有關阿德勒的話題時，經常會出現的提問。的確，讀書是孩子們的課題，即使身為父母也不應該介入。如果單單從一個面向來解釋阿德勒所說的「課題分離」，那麼所有的教育都會變成介入他人課題，是必須否定的行為。然而在阿德勒的那個年代裡，卻從沒有哪個心理學家像他一樣對教育付出那麼多心力。**教育對阿德勒來說，不只是一個主要課題，也是最大的希望**。

年輕人　喔，具體來說？

哲學家　像是阿德勒心理學不認為諮商是「治療」，而是「**再教育**」。

年輕人　再教育？

哲學家　是的。不論是諮商輔導或孩子們的教育，在本質上是相同的。你也可以這麼想：所謂的諮商師是教育工作者，而教育工作者也是諮商師。

年輕人　哈哈，這我倒是沒聽說過。我竟然也可以算是諮商師！這到底是什麼意思？

哲學家　這部分很重要，讓我們一邊整理，一邊往下說。首先，家庭或學校教育是以什麼為目標？關於這點，你有什麼樣的看法？

年輕人　……單單一句話是說不清楚的啦。像是透過學問來學習知識、融入社會生活、崇尚正義、成為一個身心健全的人……

哲學家　嗯，雖然這些都很重要，不過我們還是著眼於更遠大的部分吧。我們希望藉由教育的施行，讓孩子變成什麼樣子？

年輕人　……希望他變成獨當一面的大人……嗎？

哲學家　是的。一言以蔽之，教育的目標就是「**自立**」。

年輕人　自立……欸，也可以那麼說吧。

哲學家　阿德勒心理學認為，活在這世界上的每個人都有想擺脫無力狀態，並且更上一層樓的需求，也就是「追求卓越」。就像蹣跚學步的幼兒學著用雙腳站立、學會說話、試著想與身邊的其他人溝通交流。總之，人人都會尋求「自由」，從無力而不自由的狀態中謀求「自立」。這是最根本的需求。

年輕人　您是說，促進人們自立的，就是教育嗎？

哲學家　是的。除了身體上的發育成長外，孩子要在社會上「自立」，還必須了解各種不同的事；你所說的融入社會或正義，還有知識等等應該都包括其中。當然，關於不知道的事，就要由知道的人來教導，由身邊的人來提供協助。**所謂的教育並不是「介入」，而是朝向自立發展的「協助」**。

年輕人　哈！怎麼聽起來像是逼不得已、換個說法似的？

哲學家　舉例來說，如果在不懂交通規則，也不知道紅綠燈意義的情況下，被丟進這個社會裡，會發生什麼事？又或者是，不懂開車的人有辦法坐上駕駛座嗎？當然，在那之前，有些規則必須記住、有些技術要學會才行吧？因為這不只是關係到自己的生命安危，也可能使他人性命受到威脅。反過來說，如果地球上沒有其他人，只有自己一個人活著的話，就沒有什麼是應該要知道的，也不需要教育；在那樣的地方，並不需要「知」。

年輕人　您是說，因為有他人和社會，才有這些需要學習的「知」嗎？

哲學家　正是如此。這裡所說的「知」，不只是學問而已，還包括**人類為了要過得幸福所需要的「知」**。也就是說，在共同體中應該如何活著、要與他人維持什麼樣的關係，還有怎麼做才能在共同體中找到自己的安身之處。知道「我」、知道「你」；知道人類的本性、理解身而為人應有的姿態。阿德勒將這樣的知，稱為**「理解人性」**（Menschenkenntnis）。

年輕人　理解人性？這是頭一次提到吧。

哲學家　應該是吧。要理解人性，並不是透過書本上的知識，而是只能藉由與他人互動、實際進入人際關係中才能學習得到。就這個涵義來說，身邊圍繞著許多人的學校，就是比家庭具有更廣大意義的教育場所。

年輕人　您的意思是，教育的關鍵和這個「理解人性」什麼的有關？

哲學家　嗯。諮商也是一樣。諮商師是站在協助諮商對象「自立」的立場，和他們一起思考為了達成自立所需要理解的人性……對了，你還記得上次我們曾經提過阿德勒心理學所揭示的目標嗎？行動面的目標和心理面的目標。

年輕人　是，當然記得。行動面的目標有下面兩項：

一、自立

二、能與社會和諧生活

然後，支援這個行動的心理面目標，是這兩項：

一、我是有能力的

二、人人都是我的夥伴

總之，您是說這四項目標不單是在諮商的時候，**就連在教育的環境下都很重要**，是嗎？

哲學家　還有，對於我們這些隱約感覺到人生艱困難熬的成人也一樣。因為有許多成人為了達不到這些目標而受社會生活所苦。

如果捨棄了「自立」這項目標，教育或諮商，甚至是工作上的指導，都會立刻變成一種強制性的要求。

我們必須對自己的角色任務有所自覺。要讓教育陷入強制性的「介入」，還是處於「協助」對方自立的立場，完全關乎提供教育、諮商與指導的那一方所採取的姿態。

年輕人 大概是這樣吧。我了解，我也同意您說的那種崇高理想。可是老師，您這一套已經不管用了！每次只要跟您談論下去，到最後總是走向那種抽象的理想論。聽過那些讓人感覺良好的大話，就以為「已經懂了」。

可是問題並不抽象，是很具體的。請您說些腳踏實地的觀點來聽聽，而不是紙上談兵，像是具體上，教育者應該向前邁出什麼樣的步伐才對？關於最重要的、那具體的一步，您不是一直都在說些含糊曖昧的話嗎？老師所說的太虛無縹緲了，您總是說著一些遠處的風光美景，卻無視於我們腳下的泥濘！

三年前的年輕人對於哲學家口中所述說的阿德勒思想有著震驚、懷疑，並且用盡力氣提出情緒性的反駁。但這次不一樣，他對於阿德勒心理學的骨幹已有十足的了解，也累積了一些現實社會中的經驗。而且就實際經驗來說，自己所學到的東西甚至更多。這一次，年輕人的計畫很明確。不要抽象，要的是具體；不談理論，而是實踐；然後不說理想，要論及現實。自己想知道的就是這些，而這也正是阿德勒的弱點所在。

所謂的尊敬，即是「如實看待他人」

哲學家　具體上要從哪個部分開始比較好呢？當教育、指導和協助揭示了「自立」這個目標時，它的入口在哪裡呢？確實令人很苦惱吧？不過這其實有一個明確的準則。

年輕人　請說說看吧。

哲學家　答案只有一個，就是「**尊敬**」。

年輕人　尊敬？

哲學家　是的。教育的入口，除此之外，別無其他。

年輕人 又是一個令人意外的答案！也就是所謂尊敬父母師長、尊敬上司的意思嗎？

哲學家 不是的。假設以班級來說的話，**首先你要對孩子抱持著「尊敬」的想法**。一切就從那裡開始。

年輕人 我嗎？對那些連安靜五分鐘聽別人說話都辦不到的孩子嗎？

哲學家 是的。不論在親子之間或公司組織中，任何一種人際關係都一樣。先由父母尊敬孩子、上司尊敬下屬；**在角色上，由站在「教導的一方」去尊敬「受教導的一方」**。如果少了尊敬，就不會產生良好關係；沒有良好關係，言語上就無法溝通。

年輕人 不論是什麼樣的問題學生，我都要尊敬嗎？

哲學家 嗯。因為最基本的是**「對人類的尊敬」**。不是尊敬特定的他人，而是不論家人或朋友、擦身而過的陌生人，甚至是一輩子都不會碰面的外國人都一樣，要尊敬所有的人。

年輕人 唉，您又開始在說那些道德上的大道理了！要不然，就算是傳教囉。正好，我先趁這個機會說清楚。學校教育中確實也有公民道德這樣的課程，也占了相當的分量。我承認，有許多人相信這份價值。

不過請您也想一想，為什麼我們需要特地告訴孩子們這些道德上的理論？那就是因為這些孩子本來是不道德的，更進一步來說，人類就是不道德的！呿，什麼「對人類的尊敬」！您知道嗎，不論是我還是老師，在我們靈魂深處飄散的，根本是一股令人厭惡而不道德的腐臭！

勸說這些不道德的人類，叫他們要有道德，要求我必須有道德，這正是一種介入、是強制，就只是這樣而已！您所說的論點充滿矛盾！我再重複一次，老師您所說的理想論在實際生活中沒有任何作用。更何況，您叫我到底要怎麼去尊敬那些問題學生!!

哲學家　那我也再重複一次：我並不是在談論道德。然後還有一點，正因為是像你這樣的人，才非得讓你了解尊敬、進而實踐不可。

年輕人　算了吧，我可是敬謝不敏！我並不想聽這種充斥宗教意味的空泛言論，我要問的是那種明天就有可能實踐的具體內容！

哲學家　所謂的尊敬是什麼？我來說明一下吧。**「所謂的尊敬，就是如實看待個人，是一種可以了解他人的存在是獨一無二的一種能力。」**這是與阿德勒同一年代，在受到納粹迫害後，從德國逃到美國的社會心理學家弗洛姆所說的話。

年輕人　「可以了解他人的存在是獨一無二的一種能力」？

哲學家　嗯。如實去看待在這世界上只有一個，且無可取代的「那個人」。弗洛姆還加上了這一句：**「所謂的尊敬，就是對他人可以如實成長發展成他自己的模樣的一種用心觀照。」**

年輕人　這是什麼意思？

哲學家　不試圖改變或操控眼前的他人；不附帶任何條件，如實認同「對方現有的樣貌」。沒有任何尊敬的方法更勝於此。而且當一個人「現有的樣貌」能獲得他人接受時，應該會因此得到莫大的勇氣。**因為所謂的尊敬，也就是「鼓勵（賦予勇氣）」的原點。**

年輕人　不對！那並不是我所知道的尊敬。所謂的尊敬，應該是指那種衷心希望自己也能成為那樣、帶有憧憬嚮往似的情感才對！

哲學家　不是的。那不是尊敬，而是畏懼、是從屬依附、是信仰。那不過是完全沒有看清對方，單單只是屈服、懼怕於權力或權威之下，是種崇拜虛幻假象的態度。

尊敬（respect）這個字源自於拉丁語的「respicio」，有「觀看」的意思。首先就是以對方原有的樣貌看待他。而你，什麼都還沒去看，也不打算看。不要將自己的價值觀強行加諸在他人身上，「他自己」就是對方這個人的價值所在。更進一步協助對方的成長與發展，這才是所謂的尊敬。試圖操控他人、糾正他人的態度，一點也沒有尊敬的意思。

年輕人　……只要接受原有的樣貌，那些問題學生就會改變嗎？

哲學家　那不是你可以控制的。也許會變，也許不會變。但是藉由你的尊敬，學生們將一個個接受「我就是我自己」的事實，重新找回邁向自立的勇氣，這應該是毫無疑問的。至於要不要運用那份重新找回的勇氣，就看他們自己了。

年輕人　也就是要「課題分離」？

哲學家　對。**我們可以帶他到水邊，卻不能強迫他喝水**。無論你是多優秀的教育家，都無法保證他們會改變。但也正因為沒有保證，才會是無條件的尊敬。首先非得由「你」開始做起不可。完全沒有附帶條件，不論你等待的是什麼樣的結果，**要踏出最初那一步的就是「你」**。

年輕人　但是，這樣豈不是什麼也沒變？

哲學家　在這世界上，只有兩件事情，是不論多有權力的人都無法強求的。

年輕人　什麼事？

哲學家　「尊敬」與「愛」。比方說，某家企業的領導人是很強勢的獨裁者。員工們也確實唯命是從，看起來很順服的樣子。但那不過是基於畏懼所表現出的服從，連一絲絲「尊敬」都沒有。即使大聲喊叫：「你們要尊敬老子！」也沒有任何人會聽從，心只會越離越遠而已。

年輕人　是啦，是那麼說沒錯。

哲學家　而且當彼此之間沒有尊敬，也就不會有身而為人的「關係」存在。在那樣的公司裡，不過就是一群具有螺絲、彈簧、齒輪之類「功用」的人聚集在一起。儘管有著機械式的「動作」，卻沒有人做著身而為人的「工作」。

年輕人　欸，別再拐彎兜圈子了！總歸一句話，老師您的意思就是說因為我不受學生尊敬，所以教室裡才會亂糟糟，對嗎?!

哲學家　即使一時之間感到畏懼，卻還是不算尊敬吧。班上會亂成一團也是理所當然的。對於班上的混亂，束手無策的你採用了高壓手段，藉著力量、懼怕，不由分說強制他們服從。的確，短期之內或許可以期待有所成效。見到他們一副注意聽講的樣子，可能讓你覺得鬆了一口氣。不過他們……

年輕人　……根本就沒在聽我說些什麼。

哲學家　是。孩子們所服從的不是你，而是「權力」，連絲毫想了解「你」的心都沒有。他們不過就是摀著耳朵、閉上雙眼，等待憤怒的狂風暴雨過去而已。

年輕人　嘿嘿，是像您所說的沒錯。

哲學家　會掉入這樣的惡性循環，也是因為你錯失了主動尊敬學生、無條件尊敬的第一步。

年輕人　您是說，錯失了那一步的我，不論再做些什麼都不可能行得通了，是吧？

哲學家　嗯，就像在一個空蕩無人的地方大聲喊叫一樣。當然，他們也不可能聽得見。

年輕人　就算是吧！我要提出反駁的事其實還有一大籮筐，我就姑且把您的話收下來再說。那麼，如果老師您所說的是正確的，也就是以尊敬為起點去建立關係的話，究竟要怎樣表現出我們的尊敬？難不成，叫我要用爽朗的笑容對學生說「我很尊敬你唷～」這樣嗎？

哲學家　所謂的尊敬，並不是用言語來表達的。而且對於像這樣挨過來的大人，孩子們能很敏銳地察覺出對方的「謊言」與「心機」。一旦察覺到「這個人在說謊」，從那瞬間開始，就不會產生尊敬的念頭。

年輕人　是啦，是啦，這也是像您所說的沒錯啦。不過，您這是要我怎麼做呢？說起來，老師現在這番有關「尊敬」的論調裡，其實潛藏著很大的矛盾。

哲學家　喔，什麼樣的矛盾？

哲學家說，就從尊敬開始吧。不只是教育，而是所有人際關係的基礎都要以尊敬來建立。確實，如果是自己不尊敬的對象，他所說的任何話，人們都不會去傾聽。哲學家的這番主張，有些部分是可以理解。可是那種對於所有人都要尊敬——無論是班上的問題學生，還是社會上猖獗狂妄的壞蛋，都是要尊敬的對象，這樣的主張，自己可是反對到底的。而且他竟然還自掘墳墓，說著不可輕忽的矛盾內容。果然，我必須要做的就是這件事，要讓這個岩洞裡的蘇格拉底消失無蹤。年輕人緩緩舔了舔嘴唇，接著一口氣劈哩啪啦地說了起來。

對「他人在意的事」寄予關注

年輕人　老師您發現到了嗎？剛才您是這麼說的：「尊敬是絕對無法強求的。」原來如此，想必是那樣吧。我也非常同意。可是話才剛說完，您又叫我「要尊敬學生」。哈哈，這不是很奇怪嗎？應該無法強求的事情，您竟然要求我去做！如果這個不叫矛盾，那什麼才是矛盾?!

哲學家　的確，光看這句話，聽起來的確很矛盾。不過請你這樣理解：「尊敬」這顆球，只會彈回給當初丟出它的人；就像你對著牆壁丟球一樣，只要你丟出去，它就會彈回來。不過，如果你只是對著牆壁大喊大叫：「給我球！」什麼事都不會發生。

年輕人　不，您別想用這種隨隨便便的比喻來矇混過關，事情可沒那麼簡單。請您好好回答。丟球的「我」的那份尊敬要從哪裡來？那顆球可是不會憑空出現的！

哲學家　我明白了。這是了解阿德勒心理學，還有實踐時的重要關鍵。你還記得「社會意識」這個用詞嗎？

年輕人　那當然。不過還沒有到完全了解的程度就是了。

哲學家　嗯，那是相當難以理解的概念，另外再花點時間想想吧。現在我要你回想的，是阿德勒將德語的「社會意識」翻譯成英語時所用的「social interest」。這意思是「對社會的關心」，再進一步細細咀嚼他的意思，是**對於形成社會的「他人」的關心**。

年輕人　和德語不太一樣吧？

哲學家　是的。德語是將表示共同體的「Gemeinschaft」和表示感覺的「Gefühl」兩個字組成「Gemeinschaftsgefühl」，正是日文所說的「共同體感覺」。如果要將它譯成更精準的英語說法，應該就是「community feeling」或是「community sense」。

年輕人　唉唷，我其實並不是想聽這些學術上的說法啦。那很重要嗎？

哲學家　請你想想看。當初阿德勒要將「社會意識」這個概念引進英語系國家時，為什麼不以忠於德語「community feeling」的說法，而選擇了「social interest」？這其中藏著很重大的理由。

還待在維也納的阿德勒最初提倡「社會意識」這個概念時，有許多夥伴因此離他而去的這段故事，我跟你說過了吧？就是有人反駁阿德勒，說他的理論不是科學，並因阿德勒將「價值」的問題帶入了原本應該屬於科學的心理學而導致反彈，結果失去了夥伴的事。

年輕人　嗯，說過了。

哲學家　透過這樣的經驗，阿德勒想必也充分明白，讓大家理解「社會意識」這個概念的難度。於是當他要向英語系國家介紹時，便將「社會意識」這樣的理論置換成可以立即實踐的行動方針，將抽象置換為具體概念。而這個具體的行動方針，就是「對他人的關心」這句話。

年輕人　行動方針？

哲學家　是的。脫離對自己的執著，對他人付出關心。只要順著這個方針前進，自然可以抵達「社會意識」的層面。

年輕人　啊～我什麼都聽不懂！這個論點已經太抽象了！那個什麼對他人付出關心的行動方針，具體上到底要做些什麼？又該怎麼做？

哲學家　在這邊，請你再回想一下弗洛姆說的話：「所謂的尊敬，就是對他人可以如實成長發展成他自己的模樣的一種用心觀照。」沒有絲毫否定、強求，如實接受他人「像他自己的模樣」，並給予尊重；也就是守護對方的尊嚴、寄予關心。具體的第一步在什麼地方，你知道嗎？

年輕人 是什麼？

哲學家 這是極為邏輯性的總結。就是**對「他人在意的事」寄予關注**。

年輕人 他人在意的事?!

哲學家 比方說，孩子們玩一些你實在難以理解的遊戲，而且玩得很開心，完全就是沉迷在那種很孩子氣、很愚昧無知的玩具裡；有時候甚至還會讀些有違善良風俗的書刊，沉溺於電腦遊戲……你應該有想起一些類似的例子吧？

年輕人 有。我幾乎每天都會看到這樣的事。

哲學家 大多數的父母或教育工作者對於這樣的事都會皺起眉頭，試圖給孩子一些「更有用處」或「更具價值」的東西。會勸戒他們的行為、沒收書本玩具，只給他們一些經過自己價值認定的東西。

當然，父母們是「心裡想著為孩子好」才那麼做的吧。可是這一切都欠缺了「尊敬」，不得不視為是一種跟孩子距離更疏遠的行為。因為這麼做是否定了孩子們順其自然關心在意的事。

年輕人　難不成是要我們鼓吹那種低俗的遊戲嗎？

哲學家　不是由我們去鼓吹什麼，只是去關心「孩子們所在意的事」。不論在你眼中看來是多麼低俗的遊戲，要先試圖去了解那是什麼。然後自己也試試看，視情況偶爾和孩子一起玩；不是「陪他玩」，而是自己也樂在其中。這時候，孩子才會開始真正感覺自己受到認可，不是被當成一個孩子來看待，而是一個受「尊敬」的個人。

年輕人　不過那……

哲學家　不只是孩子。這是朝向一**切人際關係中所需要的尊敬，具體行動的第一步**。無論是公司裡的人際關係、男女朋友關係，或是國際關係，我們必須對於「他人在意的事」給予關心。

年輕人　不可能啦！老師您或許不知道吧？那些孩子們關心在意的事還包括一些很低級的東西，一些猥褻、荒誕、醜陋的事物！要帶領他們步向正軌，不正是我們這些大人的職責嗎？

哲學家　不是的。關於社會意識，阿德勒常常喜歡用下面這句話來說明。他說，我們需要的是**「用他人的眼睛去看、用他人的耳朵去聽、用他人的心去感受」**。

年輕人　您說什麼？

哲學家　現在的你，是試圖用自己的眼睛看、用自己的耳朵聽、用自己的心去感受，所以會對孩子們關心在意的事說出什麼「低級」「醜陋」之類的話。孩子們並不認為那些是低級的。那麼他們眼中所看到的是什麼？必須要先從理解這件事情開始。

年輕人　哎呀，不可能啦！那種事我辦不到！

哲學家　為什麼？

如果擁有「同樣的心境與人生」

年輕人　老師您或許已經忘記了吧，我可是記得很清楚呢。三年前，您一開口就斷然說出下面這句話：**無論是誰，沒有一個人是住在客觀的世界裡，我們都**

居住在一個各自賦予其意義的主觀世界。我們必須要問的，不是「世界是什麼樣子」，而是「你如何看待世界」。您說我們無法逃離主觀的看法。

哲學家　是的，正是如此。

年輕人　那麼請問一下，無法逃離主觀看法的我們，又如何能用他人的眼睛、他人的耳朵，甚至是他人的心去看待事物呢？就算玩這種文字遊戲也請您有點分寸！

哲學家　這個很重要。的確，我們無法逃離主觀，當然也不可能變成他人。但我們可以去想像映入他人眼中的事物、聽在他人耳中的聲音。

阿德勒提出了這樣的建議，也就是先想想：「如果我和這個人擁有同樣的心境與人生的話，會怎樣呢？」如此一來，應該就能夠了解「自己一定也會和這個人面對同樣的課題吧」，而且可以進一步想像「自己一定也會與這個人採取同樣的應對方式吧」。

年輕人　同樣的心境與人生……？

哲學家　舉例來說，有個學生完全不讀書。如果我們質問他：「你為什麼不用功讀書？」就會是不帶一絲尊敬的態度。所以我們不那麼做，而是**先想想：「要**

是自己和他擁有同樣的心境與人生的話，會怎樣呢？」也就是想想假如自己和他年紀相同、生活在同樣的家庭、身邊有著同樣的夥伴，而且有同樣的興趣或在意的事。這麼做的話，應該就可以想像「那個自己」在面對讀書這項課題時，會採取什麼樣的態度，又為什麼拒絕讀書……你知道這種態度叫做什麼嗎？

年輕人　……想像力，是嗎？

哲學家　不是，這正是所謂的**「同理心」**。

年輕人　同理心?!……去設想擁有和別人同樣的心境與人生，這種做法就是同理心嗎？

哲學家　是的。社會上一般所說的「同理心」，也就是對別人的意見表示「我也和你有同樣感受」的同意與附和，這不過是意見相同罷了，不是同理心。**所謂的同理心，是一種陪伴他人的手段與態度。**

年輕人　手段！同理心是手段嗎？

哲學家　嗯。而且**只要它是一種手段方法，你也可以培養出這樣的能力來。**

年輕人　喔～這倒是挺有意思的。那就請您針對這個手段說明一下吧。到底要怎樣才能了解對方的「心境與人生」還是什麼的？難不成叫我要一個個進行諮商嗎？哈，那種事怎麼可能有辦法了解！

哲學家　正因為這樣，才要對「他人在意的事」給予關注，而不只是保持距離觀望而已，非得自己主動投入不可。不投入的你，光是站在高處批評「那不可能！」或「有這麼多阻礙」，其中絲毫沒有尊敬，也不具同理心。

年輕人　不對！完全不對！

哲學家　哪裡不對了？

勇氣會傳染，尊敬也會傳染

年輕人　我跟您說，如果我和學生們玩在一起，像是跟大家一起追著球跑之類的，或許他們會對我有些仰慕吧，可能會對我有好感，覺得我和他們很親近。可是一旦淪落到變成那些孩子們的「朋友」，教育起來會更困難。

很遺憾的是，孩子們並非天使。我們只要稍稍給點好臉色看，他們就會抓準機會得寸進尺，變成很難對付的小惡魔。您根本只是和幻想中那些不存在於人世間的天使鬧著玩嘛！

哲學家　我也養育過兩個孩子。而且這間書房裡，有很多不適應學校教育的年輕人會前來尋求諮商輔導。就如你所說的，孩子不是天使，是一個人。

但正因為是一個獨立的個體，所以必須給予最高等級的尊敬。不是看輕、不是抬頭仰望，也不是諂媚獻殷勤，就只是**以對等關係去對待**，同時對他們有興趣與在意的事抱持同理心。

年輕人　不，我無法接受您這些要給予尊敬的說詞。您主要說的，就是用尊敬來激發他們的自尊心，對吧？其實那才是把孩子當蠢蛋的想法！

哲學家　你對於我所說的，應該只聽懂了一半吧？我並不是要你單方面「尊敬」對方。說起來，其實是**希望你教導學生們「尊敬」**。

年輕人　教導他們尊敬？

哲學家　對。藉由你的身體力行，向他們示範尊敬是怎麼一回事。示範以尊敬來構築人際關係基礎的方法，讓他們知道建立於尊敬的關係是什麼模樣。

阿德勒說：**「膽小怯懦會傳染，勇氣也會傳染。」**當然，尊敬應該也會散播出去吧。

年輕人　傳染散播?!勇氣和尊敬都會嗎？

哲學家　嗯。就由你開始。就算沒有人能夠理解，也沒有人贊同，首先還是必須由你去點亮火炬，向他人展現勇氣與尊敬。火炬可以照亮的，頂多不過是半徑數公尺的範圍吧？你或許會覺得身邊空無一人，自己單獨走在夜路上。但你所燃起的火光，將映入遠在幾百公尺外的某些人眼中。在那裡有人、有亮光，只要往那裡去就會有路。而不久之後，你身邊會有數十，甚至數百道光芒聚集。在光芒照映下的，就是那數十、數百位夥伴們。

年輕人　……呿，您這到底是在說些什麼寓言故事！總之您是說，我們這些教育工作者所擔負的角色就是要尊敬孩子，向他們展現什麼是尊敬，讓他們學會尊敬，是嗎？

哲學家　是的。不只限於教育，**所有人際關係的第一步**就從那裡開始。

年輕人　哎呀，我是不知道您到底養過幾個小孩，又輔導過多少人啦，可是說穿了，老師您不過就是個關在這間書房裡的哲學家，對於現在還有現實中的社會和學校，什麼都不曉得。

您知道嗎？學校教育所追求的，還有資本主義社會所追求的，不是這些什麼人格啦，或是虛無縹緲的「理解人性」什麼的。那些家長和社會所要求的，是眼睛看得到的數字。以教育環境來說，就是學力的提升！

哲學家　嗯，應該是那樣吧。

年輕人　不論如何受到學生愛戴，一個沒有辦法提升學生學力表現的教育工作者，就會被人烙下「失職教師」的烙印，就像大集團中的賠錢企業一樣！至於那些即使強行壓制學生，也要想辦法努力拉抬成績的老師，則會接受眾人的喝采與掌聲。

而且問題還在後頭。就連那些總是被罵得很慘的學生，日後還會感謝老師：「謝謝您當時那麼嚴格地教導我。」因為有了嚴厲的教導，所以才會繼續用功讀書，連當事者本人都承認那是一種愛的鞭策，更不用說心中有多感激了！像這樣的現實狀況，您要怎麼樣解釋呢？

哲學家　當然，這種狀況是有可能出現。而且這樣的狀況，其實可以說是為了再次學習阿德勒心理學理論的最佳範例。

年輕人　呵呵，您是說有辦法解釋嗎？

哲學家　我們就以三年前談論的內容為依據，進一步深入了解阿德勒心理學吧。相信你會察覺到很多事。

阿德勒心理學的關鍵概念，同時也是在理解上最困難的「社會意識」。關於這部分，哲學家說要「用他人的眼睛去看、用他人的耳朵去聽、用他人的心去感受」，然後需要運用同理心這種手段，據說第一步就是對「他人在意的事」寄予關注。就理論上來說是可以理解，但成為孩子的知己是教育工作者的職責嗎？這些東西說穿了，難道不是哲學家在玩文字遊戲嗎？對於提出「再次學習」這個說詞的哲學家，年輕人目光犀利地直盯著他。

「無法改變」的真正理由

年輕人　那就請問一下囉。您說要再次學習阿德勒的哪一部分呢？

哲學家　明辨自己和他人的言行舉止，去**思考潛藏在背後的「目的」**。這是阿德勒心理學的基本論點。

年輕人 我知道啊，就是**「目的論」**嘛。

哲學家 你可以簡單地說明一下嗎？

年輕人 我試試看。不論過去發生了什麼事情，並沒有辦法因此而決定些什麼。而且過去是不是有過創傷，也跟現在沒有關係。因為**人並不是受過去的「原因」而推動，是循著現在的「目的」在過日子**。像是那些說出「因為過去家庭環境不好，所以性格變得灰暗」之類的人，就是說著人生的謊言。事實上，是心裡先有了「不想因為與他人的瓜葛而遭到傷害」這樣的目的，並且為了達成這個目的，才選擇不必與任何人有瓜葛的「灰暗性格」；然後再把「過去的家庭環境」拿出來，當成自己選擇這種性格的藉口……是這樣子吧？

哲學家 是，請繼續說下去。

年輕人 總之，**我們並不是受過去發生的事情而支配，是藉由「如何定義」那些事來決定自己的人生**。

哲學家 沒錯，就是那樣。

年輕人 當時老師還說：「無論之前你的人生發生過什麼事，那對你將來要怎麼過日子一點影響也沒有。**決定你人生的，是活在『當下』的自己……**」我這樣理解沒錯吧？

哲學家　謝謝你。沒有錯。我們並不是那種任由過去的創傷擺布、脆弱不堪的個體。阿德勒的思想，是以對人類的尊嚴和可能性有著強烈信任為基礎的，認為**「人，無論何時都能決定自我」**。

年輕人　嗯，我知道。不過我還是沒有辦法完全擺脫「原因」的強烈影響。一切都要用「目的」來解釋太難了。例如就算有著「不想要與他人有瓜葛」這樣的目的，但一定還是有個什麼樣的「原因」才有這樣的目的。目的論對我來說，雖然是一個突破而嶄新的觀點，卻不是無所不能的真理。

哲學家　那也沒關係。透過今天晚上的對話，或許會出現一些改變，也或許不會。一切決定都在於你，我不會強求。那麼，就請你先聽聽其中一個說法。不論在任何時候，我們都是一個可以決定自我的個體，可以選擇嶄新的自己。只是儘管如此，我們卻相當難以改變；即使強烈希望有所改變，還是改變不了。究竟是為什麼？你對這有什麼看法？

年輕人　是因為**根本就不想改變**？

哲學家　就是這樣。而這也會關係到「什麼是變化？」的提問。如果要說得大膽一點，**所謂的變化，就意味著「死亡」**。

年輕人　死亡？

哲學家　假設現在的你正為人生苦惱好了，而且你是想要改變的。可是所謂的改變自己，同時也意味著要放棄「眼前的自己」，做個了斷。否定「眼前的自己」，並且為了不讓他再度出現，要將他埋進墳墓裡。因為必須做到那種地步，才會重生蛻變成「嶄新的自己」。

這麼說來，就算你對現狀有許多不滿，但真的有辦法因為這樣而選擇「死亡」嗎？能夠因為這樣投身跳入深不見底的黑暗中嗎？……這件事並沒有那麼簡單。

所以人們不會試圖去改變，再怎麼痛苦，也想「照現在這樣就好」。然後為了肯定自己的現狀，找尋「照現在這樣就好」的說詞去過日子。

年輕人　嗯。

哲學家　那麼，你認為當一個人試著積極肯定「現在的自己」時，這個人會用什麼樣的色調去裝扮過去呢？

年輕人　啊，也就是說……

哲學家　答案只有一個。也就是針對自己的過去，歸納出「雖然曾發生過許多事，但現在這樣很好」的結論。

年輕人　**……為了肯定「現在」，所以也要肯定不幸的「過去」**。

哲學家　對。前面你提過一個向老師表示「謝謝您當時那麼嚴格教導我」的人，他們就是試圖積極肯定「現在的自己」，於是過去的一切都成了美好回憶。因此，不能單憑這些表達感謝的話語來贊同那種強權壓制式的教育。

年輕人　因為想認為「現在這樣很好」，所以過去會成為美好回憶……欸，有意思，就這種紙上談兵的心理學來說，的確是很有意思的探討。可是我並不同意這樣的說法。為什麼？我就是最好的證明。我的狀況完全無法套用在您剛才那一番論調裡！對於國、高中時代那群嚴厲而蠻不講理的老師們，我到現在還很不滿。就算這樣的態度不對，我還是一點感謝的想法也沒有。那段簡直像在監獄裡的學校生活，根本就不會讓我有什麼美好回憶！

哲學家　那是因為你**對「現在的自己」並不滿意吧**。

年輕人　您說什麼?!

哲學家　如果要進一步做更犀利的探討，那就是為了將現在這個距離理想還很遙遠的「自己」正當化，所以把自己的過去塗上灰色，想歸咎於「都是因為那所學校」或「因為有那樣的老師」。然後以「如果當初念的是好學校、遇上好老師的話，自己也不至於會像今天這樣」的想法，**試圖活在某種可能性之中**。

年輕人　您、您這麼說太過分了！到底有什麼根據可以這樣胡亂猜測?!

哲學家　真的可以斷言是胡亂猜測嗎？因為問題不在於過去發生了什麼事，而是「現在的自己」如何定義那一段過去。

年輕人　這些話請您收回去！您對我又知道些什麼?!

哲學家　你聽好了，**我們的世界裡，根本不存在所謂真正的「過去」**，有的不過是大家根據各自的「現在」加以塗鴉上色，並各自賦予其解釋。

年輕人　……這個世界裡，過去並不存在?!

哲學家　是呀。所謂的過去並不是無法喚回，**單純只是因為它「並不存在」**。如果不深入探究到這一點，就無法逼近目的論的本質。

年輕人　哼，真是太氣人了！胡亂猜測之後，又來一個什麼「過去並不存在」?!編派了一堆滿是漏洞的空話，然後又打算這樣矇混過關嗎？求之不得！這些漏洞就讓我來好好挖開，追根究柢一番！

你的「現在」決定了過去

哲學家　這番說法確實是難以接受沒錯。不過只要冷靜地將事實堆疊起來，相信你一定也會表示贊同。因為除此之外，沒有其他方法了。

年輕人　看來您是因為對思想的狂熱而燒昏了頭吧！如果過去不存在的話，那「歷史」又算什麼？難道連您最愛的蘇格拉底還是柏拉圖都不存在了嗎？就是因為說出這種話，才會遭人嘲笑不科學啦！

哲學家　所謂的歷史，是由各年代掌權者不斷竄改的大篇幅故事。歷史總是基於當代權力核心中「我才是正義」的論調，再經過巧妙竄改。所有的年表與歷史書籍，都是為了證明當代掌權者的正統性而編纂的虛假著述。

歷史之中，向來認定「當今」最為正確，某個政權被扳倒後，取而代之的執政者就會將過去重新撰寫。這一切，不過就是為了說明自己的正當性，其中並不存在語言原本所意味著的「過去」。

年輕人　可是……!!

哲學家　比方說，某個國家的武裝組織策動了軍事政變。經過鎮壓後，如果政變宣告失敗，這些人大概就會以「反賊」的身分在歷史中留下汙名吧；但另一方面，要是軍事政變成功打倒了原有政權，歷史中的他們就會成為抵抗強權的「英雄」。

年輕人　……是因為歷史總是由勝利的一方去改寫？

哲學家　以我們個人來說也一樣。**每個人都是「我」這篇故事的編撰者，由於過去必須證明「現在這個我」的正統性，所以能隨心所欲去改寫**。

年輕人　不對！每個人的情況並不一致！個人的過去，甚至是記憶，這些是屬於大腦科學的範疇。不要混為一談!!這不是老師您這種跟不上時代的哲學家強出頭的時候！

哲學家　關於記憶，你要這麼想：人們會由過去發生的眾多事情中，只挑選出與當下「目的」一致的事項加以定義，並做為自己的記憶。反過來說，**與當下「目的」相違背的事情，則會由記憶中消除**。

年輕人　您說什麼?!

哲學家　我舉一個諮商案例來說明吧。有一次，我為一名男性進行諮商輔導，他說出一段童年時期「被狗攻擊並咬傷腳」的記憶。據說，他的母親平常就會提醒他：「如果遇上流浪狗，要站著不動。只要你一跑，狗就會追上來。」因為過去那個年代，常有一些流浪狗在路上遊蕩。結果有一天，他在路邊遇上流浪狗，同行的友人拔腿就逃，而他聽從母親的交代，站在原地不動。可是後來他卻遭到流浪狗攻擊，還被咬傷了腳。

年輕人　老師的意思是，那段記憶是虛構的謊言？

哲學家　不是謊言，實際上他是真的被咬了，但這段經歷應該還有後續的發展。在經過幾次諮商輔導後，他終於想起後來發生的事。據說，當他被狗咬傷而蜷縮在一旁的時候，有一位騎著腳踏車的男子將他救起，直接送到醫院。

剛開始進行諮商輔導的時候，他所抱持的生活型態（世界觀）是「世界充滿危險，人人都是敵對者」。對他來說，被狗咬傷的記憶，就是用來象徵這個世界充滿危險的證明。可是當他漸漸開始覺得「世界是安全的，人人都是我的夥伴」時，那段足以佐證的插曲就被挖掘了出來。

年輕人　嗯。

哲學家　自己究竟只是被狗咬了，還是也受到了他人救助？阿德勒心理學之所以號稱**「使用的心理學」**，也是源自於「可以選擇自己人生」這一點。不是過去決定了「現在」，而是**你的「現在」決定了過去**。

可惡的他，可憐的我

年輕人　……您是說，我們選擇了自己的人生，還有自己的過去？

哲學家　嗯。無論是誰，人生路上不可能總是一帆風順吧。任誰都會有悲傷、挫折，甚至是讓人幾乎要咬牙切齒的那種悔恨遭遇。可是為什麼有些人能將過去發生的悲劇當成「教訓」或「回憶」來述說，而有些人至今仍遭受過去束縛捆綁，認定那是不可侵犯的心靈創傷？

這其實並不是受到過去束縛。而是**那段包裝在不幸之下的過往，正是他們所需要的**。換一種更嚴厲的說法，不過就是藉著沉溺於悲劇這壺劣酒，試圖忘記「如今」不得志的痛苦。

年輕人　您不要太過分了，這樣的說法根本是厚顏無恥！什麼叫做悲劇的劣酒?!您所說的全都只是強勢者的理論，是勝利者的論調！根本就不了解遭欺負凌虐的人有多痛苦。完全是在侮辱他們！

哲學家　不是的。**正因為我相信人類所擁有的可能性，才會否定沉溺於悲劇中的做法**。

年輕人　不，您過去的人生究竟如何，我本來就不打算問，但是現在我終於明白了。總而言之，您從來沒有遭遇過重大挫折與不合理的對待，就那樣一腳踏進虛無縹緲的哲學世界裡，所以才有辦法那麼輕易就切割他人心中背負的傷痛。您根本就是太好命！

哲學家　……看來你似乎難以接受這個說法。那就試試看這個吧，有時候我們在諮商輔導中也會用到的，就是三角柱。

年輕人　喔～好像挺有意思的。這是做什麼用的？

哲學家　這個三角柱代表著我們的內心。現在從你所坐的位置看過來，應該只看得到三個平面中的兩面。這兩面分別寫了些什麼？

年輕人　一面是「**可惡的他**」，另一面是「**可憐的我**」。

哲學家　沒錯。來到這裡尋求諮商的人，差不多都是繞著這兩個話題打轉。像是一邊掉淚，一邊訴說降臨在自己身上的不幸，或是談論那些苛責自己的他人，還有對自己所處這整個社會的憎惡。

其實不只是諮商。像我們和家人或朋友談心、商量一些事情的時候，要對當下的自己正在說些什麼有所自覺是相當不容易的。不過，要是將那些東西視覺化，便可以充分了解**人們終究離不開這兩個話題**。說到這裡，想必你心中已經有個底了吧？

年輕人 ……不是責備「可惡的他」，就是訴說「可憐的我」。對啦，是可以那麼說沒錯啦……

哲學家 但是我們真正應該談論的重點卻不在這裡。不論你如何尋求旁人對「可惡的他」能有與你一致的觀點、如何陳述「可憐的我」；以及即使有人願意聽你訴說、能給你一時的安慰，但那些都無法真正解決問題。

年輕人 那到底要怎麼做？

哲學家 三角柱上看不見的另一面。你認為這裡寫了些什麼？

年輕人 唉，您就別賣關子了，給我看吧！

哲學家 好。這上面寫了什麼，請你念出來聽聽。

哲學家拿出一個用紙摺成的三角柱。從年輕人所在位置可以看到的，只有三個平面中的兩面。上面分別寫著「可惡的他」，還有「可憐的我」。哲學家說，那些煩惱苦思的人所訴說的，其實不過就是這兩項的其中之一。接著，哲學家以細長的手指緩緩轉動三角柱，露出寫在最後一面的字。就像在年輕人心口上挖了個洞似的那一行字。

阿德勒心理學中沒有「魔法」

年輕人　……!!

哲學家　來吧，念出聲音來。

年輕人　……**今後該怎麼辦？**

哲學家　是的。我們真正應該討論的正是：「今後該怎麼辦？」不必說什麼「可惡的他」，也不需要「可憐的我」。不管你再怎麼樣大聲嚷嚷，我大概也只會聽聽就算了。

年輕人　您、您實在是太冷酷無情，太壞心眼了！

哲學家　並不是因為漠不關心才當耳邊風。而是**因為其中並沒有應該討論溝通的重點，所以聽聽就算了**。如果在我聽過「可惡的他」或「可憐的我」這樣的內容後，能表示「真是辛苦了」「完全錯不在你」什麼的，與你站在同一陣線的話，確實可以讓你得到一時的安慰，甚至你還會覺得幸好有來這裡接受諮商輔導、幸好找了這個人商量等等，因為這樣而感到滿足。

不過，從明天開始的每一天將如何改變？難道不會因為再次受傷就又想尋求慰藉？到最後豈不是成為一種「依賴」？正因為如此，阿德勒心理學才要討論：「今後該怎麼辦？」

年輕人　可是如果要認真思考「今後」的事，還是得先讓人家知道「目前為止」的經過吧！

哲學家　不。你現在就站在我面前。**只要知道「眼前的你」就已經十分足夠了。就理論上而言，我沒有必要知道「過去的你」**。我再重複一次，過去並不存在。你所述說的過去，不過是經由「現在的你」巧妙編撰的故事。這部分請你要明白。

年輕人　錯了！您只是隨便找個歪理要指責人家，叫人「別再發牢騷」而已！您根本就漠視人類軟弱的一面，不願意體貼支持軟弱的人，強迫推銷那一套傲慢而強勢的理論罷了！

哲學家　不是那樣的。比方說，平常我們諮商師也會把這個三角柱遞給來尋求輔導的對象。然後請對方：「不論說些什麼都沒關係，但是請將跟現在要說的內容有關的那一面轉向你自己。」結果**大多數人都會主動選擇「今後該怎麼辦？」並開始思考它的內涵**。

年輕人　自己……主動嗎？

哲學家　另一方面，也有不少其他派別的諮商師，採取不斷追溯過去的手段，徒然刺激對方使得情緒爆發之類的震撼療法。不過，根本沒必要那麼做。我們既不是魔術師，也不是魔法師。我再說一次，阿德勒心理學中沒有「魔法」。相較於神祕的魔法，這其實是**具建設性的、科學的，基於對人類尊敬的一種理解人性的心理學**。這就是阿德勒心理學。

年輕人　……呵呵，您竟然還敢用「科學的」這個說法？

哲學家　是的。

年輕人 好吧，我認了。您這個說法，眼前我先接受了再說。那麼就讓我們來好好討論一下關於我的「今後」，也正是我所面臨的最大問題，還有身為一名教育工作者的明天該怎麼辦！

第二部　為何否定「賞罰」？

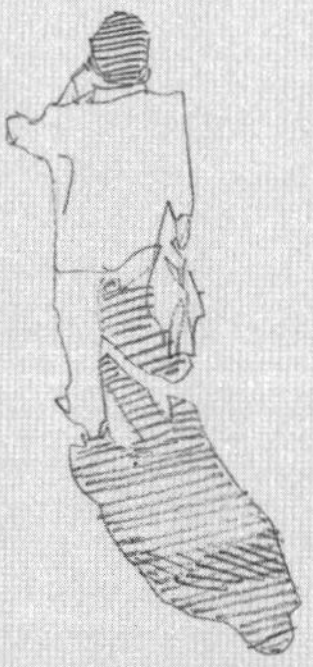

年輕人其實早就知道，與哲學家的對話，並沒有那麼容易立見真章；尤其是話題一進入抽象範疇的時候。果然這位蘇格拉底難纏的程度已經到了令人咬牙切齒的地步。不過年輕人有著十足勝算，那就是盡快擺脫這間書房，將論戰重點轉入教室裡；進入現實中的凡塵俗世，直搗問題核心。他並非無端想評斷阿德勒，只因為那番論點實在太過空泛、脫離現實，自己想將它拽進眾人所存活的這個世間。年輕人拉近了椅子，深深吸了一口氣。

教室是一個民主國家

年輕人　在這世界上，過去並不存在；不可以沉溺於悲劇的劣酒；我們應該談論的只有「今後該怎麼辦」。好吧，就以這些為前提來進行吧。如果就我被迫面對的「今後」課題來說，那就是之後在學校要施行什麼樣的教育。我們立刻就來討論，可以嗎？

哲學家　當然可以。

年輕人 就這麼辦。剛才您說過，具體的第一步就是「從尊敬開始」是吧？我想請問，您認為只要把尊敬帶進班上，一切問題就能解決嗎？也就是學生們不會再製造問題了？

哲學家 光是那樣大概不行吧，問題一樣會發生。

年輕人 這樣的話，還是得斥喝責罵囉？因為他們一樣會搗蛋、搞破壞，給其他學生找麻煩啊！

哲學家 不，不可以責罵。

年輕人 那麼您是要我眼睜睜看著他們搗蛋，什麼都不管？那豈不像是在說「別捉小偷，也別處罰小偷」一樣嗎？難道阿德勒認同這種無法無天的做法？

哲學家 阿德勒的主張，並不是要我們無視於法律或規範。只不過，**所謂的規範必須經由民主程序來制定**。這對於社會整體、還有對班級的經營來說，是極為重要的一點。

年輕人 民主程序？

哲學家 是的。就是將你的班級當成一個民主國家來考量。

年輕人 咦，什麼意思？

哲學家　民主國家的「主權」在全體國民手中，對吧？所謂的「人民主權」，也就是「主權在民」的原則。身為主權者的國民，在彼此一致同意的基礎下，制定各式各樣的規範，並適用於全體國民，一律平等。正因為如此，人們才有辦法遵守規範；而且並非順從規範，是能更積極地遵守「我們大家的規範」。

另一方面，當規範不是基於國民一致同意，而是經由某人獨斷制定，執行上又非常不平等的話，會變成怎麼樣呢？

年輕人　那樣子，國民當然不會保持沉默呀。

哲學家　執政者為了壓制這樣的反彈，只好行使有形與無形的「力量」。這段話並不只限用於國家，就算企業或家庭也一樣。藉由某個人以「力量」來控管的組織，在根本上就是「不合理」。

年輕人　嗯，原來如此。

哲學家　班級也一樣。班級這個國家的主權者不是老師，而是學生；班級的規範，必須由身為主權者的學生在合議下制定。首先就從這個原則去推動吧。

年輕人　您還是一樣那麼囉嗦。總之，就是認同學生自治是吧？當然學校會有一定的自治制度啦，像是學生會什麼的。

哲學家 不，這是更基本的問題。舉例來說，當我們將班級視為一個國家來思考的時候，學生們就是「國民」，那麼，老師會是什麼立場呢？

年輕人 欸，學生是國民的話，老師就是領導的總指揮、首相或總統之類的吧？

哲學家 這樣很奇怪吧？你是學生們經由選舉選出來的嗎？如果不經過選舉而號稱總統，那就不是民主國家了，單單只是個獨裁國家。

年輕人 哎呀，就理論上來說是那樣啦。

哲學家 我現在不是在說理論，而是說明實際的狀況。班級，並不是由老師來統治的獨裁國家，它是以每一位學生為主權者的民主國家。忘記這項原則的老師們，將在不知不覺中展開獨裁控制。

年輕人 哈哈，您是說我沾染了法西斯主義的色彩？

哲學家 說得極端一點，就是那樣。你的班級會一團亂，不是學生個人的問題，也不是你的教師資質不夠，只因為那是一個腐敗的獨裁國家，所以一團亂。由獨裁者率領的組織，腐敗在所難免。

年輕人 請不要再硬拗了！您到底有什麼根據可以這樣批評挑剔別人！

哲學家　根據已經很明顯了——就是你一直不斷強調有必要採用的「**賞罰**」教育。

年輕人　什麼?!

哲學家　你想要談談這部分對吧？有關於稱讚與責備。

年輕人　……有意思。您竟然主動挑起論戰！有關教育這部分，特別是關於教室內的大小事，我已經腳踏實地、十分努力在做了。這種極端失禮的說法，我絕對會讓您收回去的！

哲學家　好，就讓我們盡情來討論一下。

不可以責罵，也不可以稱讚

年輕人　阿德勒禁止賞罰，斷言**不可以責罵，也不可以稱讚**。為什麼要提出這種離譜的主張？阿德勒真的明白理想與現實之間有多大的差距嗎？這就是我想要知道的。

哲學家　原來是這樣。我先確認一下，你認為稱讚和責罵都是有必要的，對嗎？

年輕人　那當然。就算因為那樣而被學生討厭，也一定非罵不可。做錯事情了，不糾正怎麼行？對了，就先請教您有關「責罵」這件事的對錯吧！

哲學家　好的。為什麼不可以責罵他人呢？這必須分別以不同的狀況來思考。首先是孩子做了什麼不好的事？比如具有危險性、加害他人，或是幾近犯罪一般的行為。究竟為什麼會做出那樣的事？這時候有一種可能性是：**「他根本不知道那是不好的行為。」**

年輕人　不知道？

哲學家　對。就拿我自己來說吧。小時候，我不管去哪裡都會帶著放大鏡。發現了昆蟲就靠過去觀察，看到植物也觀察，隨心所欲地盡情窺探那個肉眼所見不到的世界，簡直就像個小小昆蟲博士一樣，埋頭沉迷在觀察的世界裡。

年輕人　真好，我也曾有過那種時候。

哲學家　可是呢，一陣子之後，我知道放大鏡另一個完全不同的用途。只要在黑色的紙上讓光線聚焦，紙上就會冒煙，沒多久便會開始燃燒。面對這個簡直像魔術般的科學力量，我心裡興奮得不得了，那支放大鏡不再單單只是個放大鏡而已。

年輕人　這樣不是很好嗎？比起趴在地上盯著昆蟲看，這個更合我意。以小小的放大鏡為開端，馳騁在對太陽的力量，甚至是對宇宙的想像中，這是成為科學少年的第一步。

哲學家　就這樣，某個燒著黑紙玩樂的酷熱夏天，我跟平常一樣，將黑紙放在地上，正用放大鏡聚焦光線玩著的時候，視線邊緣一角有隻螞蟻爬了過去。那是一隻壯碩、全身像是穿上厚重黑色盔甲的大螞蟻。差不多開始對黑紙遊戲感到厭倦的我，接著用放大鏡對黑蟻做了什麼事……相信後面不必我再說明了吧？

年輕人　……我知道。唉，小孩真的很殘酷。

哲學家　是。孩子經常會讓我們見到像這樣、在玩耍中殺害昆蟲之類的殘忍一面。可是孩子當真那麼殘酷嗎？真的潛藏了如佛洛伊德所說的那種「攻擊驅力」嗎？我並不那麼認為。孩子們不是殘酷，只是「不知道」而已：不知道生命的價值，還有他人的痛苦。

既然如此，有一件事情是大人們應該要做的：如果不知道，就要教。而且教的時候，不必用到責罵的字眼，這個原則請不要忘記。對方不是在搗蛋搞破壞，只不過是不知道而已。

年輕人 您說，這不是因為攻擊性或心性殘忍，而是無知的罪過？

哲學家 在鐵軌上玩耍的孩子，或許不知道那是危險的事；在公共場所大聲喧嘩的孩子，或許不知道那是打擾別人的行為。甚至對於其他任何事，我們其實都是以「不知道」為起點的。在「不知道」的事實下給予嚴厲譴責，你不認為這麼做不近情理嗎？

年輕人 嗯，如果真的不知道的話。

哲學家 我們大人所要做的不是責罵，而是教導；不是情緒性的，也不是用大聲嚷嚷的方式，而是用理性的說法。相信你應該不至於辦不到。

年輕人 只用現在提到的例子來說，是那樣沒錯；因為即使是老師您，也不可能承認殺害螞蟻的自己心性殘忍吧！只不過這實在讓人很難接受，簡直就像卡在喉嚨裡的麥芽糖一樣。這種對人類的認知太天真了。

哲學家 所謂「太天真」是指？

年輕人 如果是幼稚園的孩子還說得過去，到了小學，甚至中學之後，大家都是在「已經知道」的情況下去做的。什麼事情是不允許的、怎樣是不道德的，他們早就知道了。可以說他們根本就是**明知故犯，引發脫序行為**。這樣的罪過，當然一定要給予嚴厲的懲罰才行。像您這種老人家的壞習慣，就是把小孩當成純真無邪的天使般看待，這千萬要改一改才好。

哲學家　的確，有很多孩子明知那樣不好，卻還是做出有問題的舉動；不如說，脫序行為中，多半都是那樣吧。不過，你是不是曾覺得很奇怪？他們不只是知道「那樣不好」而已，他們甚至明明知道那麼做會遭到父母師長的責罵，卻還是去做了。這聽起來很不合理吧？

年輕人　簡單來說，就是有欠考慮吧。如果可以冷靜下來仔細想想，應該就會明白。這是因為他們做不到這一點吧。

哲學家　果真是那樣嗎？你不認為是其他**更深層的心理因素在操控嗎**？

年輕人　您是說，明知道會被罵，還故意去做嗎？可是有的孩子還會因為挨罵而哭出來呢。

哲學家　只要思考一下這種狀況的可能性，就會知道，那絕對不是毫無作用的舉動。現代的阿德勒心理學認為，**在背後操控人類脫序行為的心理，可以分成**

五個階段。

年輕人　喔～總算談到比較像心理學的話題了。

哲學家　只要完全了解「脫序行為的五個階段」，相信就能找到責罵是對或錯的答案了。

年輕人　就來聽聽看吧。看看老師到底對孩子們有多了解，對教育工作現場又知道多少，讓我來好好看個清楚！

年輕人感到憤怒：哲學家的說法根本是胡扯！班級是個小型的民主國家，班上的主權者是所有學生——到這裡為止還可以接受。可是為什麼「不需要賞罰」？如果班級是一個國家，不是應該要有法律嗎？如果有人違反法律、犯了罪，不是應該要接受懲罰嗎？年輕人在筆記本上寫下「脫序行為的五個階段」，揚起了微笑。阿德勒心理學究竟是可以適用於現實世界的學說，又或者只是空泛的論述，就在這裡見真章吧。

脫序行為的「目的」？

哲學家　孩子們為什麼會出現脫序行為？阿德勒心理學所關注的是**潛藏其中的「目的」**。換句話說，孩子們——其實不只限於孩子——因為有著什麼目的而出現脫序行為，可以分為五個階段來思考。

年輕人　五個階段的意思，是層級慢慢升高，是嗎？

哲學家　對。而且人類的脫序行為，全都可以套用這些階段的其中之一來解釋。必須在層級還沒升高之前，盡早尋求對策。

年輕人　好吧。那就請您先從最初的階段開始說明。

哲學家　脫序行為的第一個階段是**「尋求稱讚」**。

年輕人　尋求稱讚？也就是要別人「稱讚我」，這樣嗎？

哲學家　是的，在父母師長還有其他人面前扮演「乖孩子」。如果是在團隊中工作的人，就是會對上司或前輩表現出有衝勁或順從的模樣，想藉此獲得稱讚。一切的開端，就由這裡開始。

年輕人　這豈不是再好不過了嗎？不會造成別人困擾，又能盡力從事生產活動，對他人也會有所貢獻。實在找不出任何理由視他為問題人物啊？

哲學家　的確是，以個別行為來考量的時候，他們看起來是毫無問題的「乖孩子」或「資優生」。而且實際上，如果是孩子，就會在學業或體育方面特別優秀；公司職員的話，就會在工作上特別賣力傑出，讓人想好好稱讚他一番。

可是在這裡有一個很大的陷阱：**他們的目的，充其量不過就是「獲得稱讚」，進一步來說，就是「在共同體之中取得具有特權的地位」**。

年輕人　呵呵，您是說因為動機不單純所以不以為然嗎？真是個天真幼稚的哲學家。就算目的真的是為了「獲得稱讚」，可是從結果來說，依然還是勤奮努力的學生呀！不會有什麼問題吧？

哲學家　那麼，要是父母師長、上司或工作對象完全不稱讚他們的話，你覺得會怎麼樣呢？

年輕人　……應該會覺得不滿，可能還會視情況覺得忿忿不平吧。

哲學家　沒錯。你聽好了，**他們並不是表現出「好的行為」，只不過是在做「能獲得稱讚」的事**。這樣的行為如果得不到任何人稱讚、沒有獲得特別對待的話，就會失去奮鬥的意義，會立即喪失繼續下去的意願。

他們所培養的生活型態（世界觀）是**「如果沒有人稱讚，就不會採取適切的行動」，而且「要是沒人懲罰，就有可能做出不當行為」**。

年輕人　呃，也許是那樣沒錯啦……

哲學家　還有，為了符合周遭所期待的「乖孩子」形象，做出作弊或虛假欺騙等不當行為，也是這個階段的特徵。教育者或主管不該只專注在他們的「行為」，而必須看清楚他們的「目的」。

年輕人　可是，不稱讚的話，他們就會失去意願，變成什麼也不做的孩子；有時候甚至還會變成行為不當的孩子，不是嗎？

哲學家　並不是這樣。要教導他們，即使自己不「特別」，也同樣有價值。藉著向他們展現「尊敬」的方式去教導。

年輕人　具體來說呢？

哲學家　不要聚焦在他們表現出什麼「好的行為」，而是多注重平日細微的言行舉止，並且關注他所「在意的事」、寄予同理心。就是這樣而已。

年輕人　喔～要回到那個部分是嗎？我總覺得要說這樣是脫序行為，好像有點怪怪的。不過無所謂啦，第二階段是什麼？

哲學家 脫序行為的第二階段是**「引起注意」**。

年輕人 引起注意？

哲學家 特地表現出「好的行為」，卻沒有受到稱讚，沒能在班上獲得特權地位；又或者是一開始就沒有充分的勇氣與耐力堅持到最後，去贏得「稱讚」。在那樣的情況下，人們會認為**「即使得不到稱讚也無所謂，總之引人注目就對了」**。

年輕人 就算是做壞事、被責罵都無所謂嗎？

哲學家 沒錯。他們早就不期待獲得稱讚了。總之，完全只想著引人注目。只是，有一件事情希望你能注意，孩子在這個階段的行為動機並不是「要當壞孩子」，而是「引人注目」。

年輕人 引人注目要做什麼？

哲學家 想在班上取得享有特權的地位；希望在自己所屬的共同體之中，擁有一個確切而鞏固的「安身之處」。真正的目的在這裡。

年輕人 也就是說，因為從學業這方面正面出擊不順利，所以用其他手段想變成「特別的我」；不是以「乖孩子」的身分變得特別，而是以變成「壞孩子」來達成目的、確保自己的「位置」。

哲學家　正是如此。

年輕人　是啦，在那個年紀，通常正是因為有點「壞壞的」樣子，才比較讓人覺得佩服吧。不過具體來說，要怎麼樣引人注目？

哲學家　積極的孩子，會藉著稍稍違反社會或學校裡的規定，也就是**以「調皮搗蛋」來贏得注目**。像是上課的時候喧嘩嬉鬧、捉弄老師、死纏爛打之類的。他們絕對不會過分到觸怒大人的地步，在班上算是逗趣受歡迎的角色，獲得老師或朋友喜愛的情況也不算少。

另外，消極的孩子則是以學習表現明顯低落、常常丟三落四，或是用哭泣等方式試圖引人注目；也就是**以「無能」的形象來贏得注目，獲取特別的地位**。

年輕人　但要是不斷干擾上課，或老是忘東忘西的話，應該會被罵得很慘對吧？被罵也沒關係嗎？

哲學家　與其自己的存在遭到他人無視，被責罵要好得太多了。即使在被罵的情況下，也希望自己的存在受到他人認同，處於特別的地位。這就是他們所期望的。

年輕人　哎呀，傷腦筋！還真是複雜的心態。

哲學家　不，其實第二階段的孩子們所遵循的原則還算單純，應對起來也不是那麼困難。因為只要藉由「尊敬」讓他們知道，自己沒有必要變得特別，只要保持原來的樣貌就已經充分具有價值就好了。真正困難的是從第三階段開始。

年輕人　喔，怎麼說呢？

厭惡我吧！拋棄我吧！

哲學家　在脫序行為的第三階段，他們的目的將進入**「權力鬥爭」**。

年輕人　權力鬥爭？

哲學家　不順從任何人，不斷挑釁、挑起戰爭。藉由戰鬥中的勝利來誇耀自己的「力量」，試圖享有特權地位。是相當不容易應付的階段。

年輕人　所謂「挑起戰爭」的意思是？該不會是撲上來大打出手吧？

哲學家　簡單來說就是**「反抗」**。用粗口謾罵來挑釁父母師長，有時候也會大發雷霆胡鬧一通，甚至偷竊、吸菸等等，毫不在乎地觸犯規定。

年輕人　這根本就是問題學生嘛。沒錯，我就是拿這種孩子沒輒啦。

哲學家　另一方面，消極的孩子就會藉著**「不聽話」**來挑起權力鬥爭。不論被罵得多慘，就是拒絕用功讀書或學習，斷然對大人所說的話充耳不聞。他們倒也不是特別不想讀書或認為沒有必要讀書，只是為了貫徹不聽話的態度，想證明自己的「力量」而已。

年輕人　啊！我光是想到就覺得一肚子火！像那樣的問題學生，除了好好痛罵之外，應該沒有其他辦法了吧！因為這些人事實上就是違反規定，讓我幾乎想狠揍他們一頓。要不然，豈不等於認同了他們的惡行?!

哲學家　嗯，大多數的父母師長在這個階段都會拿起憤怒的球拍，擊出稱為「責罵」的那顆球。只不過，這麼做徒然只是接受了挑釁，「和對方站在同一座球場上」。恐怕對方反而會開心地再擊回一顆反抗之球，覺得自己發動的這場拉鋸戰已經開打。

年輕人　那您說，該怎麼辦？

哲學家　如果是觸犯法律的問題，就必須依法應對處理。但是除此之外的情況，一旦察覺到是一場權力鬥爭時，就該立即從對方的球場上退出。首先必須做的就只有這件事。請你想一想，責罵當然不用說了，就連臉上顯露出生氣的表情，都算是站上權力鬥爭的球場。

年輕人　可是我面前明明就站了一個做壞事的學生耶！面對這樣的事實要怎麼處理？什麼也不做、就那樣放任不管，也算是教育工作者嗎？

哲學家　就邏輯上歸納出的結論恐怕只有一個，等到五個階段都說明過後，再一併來思考比較好。

年輕人　唉，真是的。下一個！

哲學家　在脫序行為的第四階段，人們會進入**「復仇」**階段。

年輕人　復仇？

哲學家　下定決心要挑起權力鬥爭，可是對方卻紋風不動；無法贏得勝利，也得不到特權地位；他人對自己完全不理會、吃了敗仗。像這樣在戰鬥中敗陣下來的人會先撤退，接著策畫「復仇」行動。

年輕人　要對誰、復什麼仇？

哲學家　**對那些不認同這個無可替代的「我」、不愛我的人，進行愛的復仇。**

年輕人　愛的復仇？

哲學家　請你回想一下。要求稱讚、引起注目，還有權力鬥爭。這些全都是「希望對方更尊重我一點」的乞求愛的表現。然而在知道這些愛的乞求無法實現的瞬間，人會突然變成**尋求「憎惡」**。

年輕人　為什麼？尋求憎惡要做什麼？

哲學家　既然已經知道對方是不愛我的，那麼乾脆就厭惡我吧！在想法上會變成要對方**「在憎惡的情緒中，給我關注」**。

年輕人　……讓人厭惡，是他們所期望的嗎？

哲學家　會變成這樣。比方說在第三階段，反抗父母師長、挑起「權力鬥爭」的孩子們，在班上可能會變成有點像英雄似的人物，因為膽敢面對大人、挑戰權威，勇氣令人稱頌。

可是一旦進入「復仇」階段的孩子，不會得到任何人讚揚。父母師長就不必說了，班上的同學也會討厭他、害怕他、漸漸孤立他。但儘管如此，他們還是試圖以「令人憎惡」這一點來與他人有所連結。

年輕人　既然這樣，只要徹底忽視他們就行了呀！只要把那個憎惡的連結點切斷就可以了啦！沒錯，這麼一來，「復仇」行動就不成立了。他們應該就會去思考一些比較正經的做法，不是嗎？

哲學家　理論上來說或許是那樣沒錯。可是實際上要容許他們的行為，應該相當困難吧。

年輕人　為什麼？您的意思是說我連那樣的容忍力都沒有嗎？

哲學家　假設有個處於「權力鬥爭」階段的孩子光明正大地直接向你挑戰。其中交雜著粗暴言詞的挑釁，還伴隨著自以為是的正義感，非常直接。而且正因為如此，還被同學視為英雄。如果是這樣的行為，你有可能冷靜應對嗎？

另一方面，進入復仇階段的孩子們，不會選擇正面交戰。他們策畫的不是「壞事」，而是一再重複**「對方討厭的事」**。

年輕人　……具體來說？

哲學家　舉個容易明白的例子來說，像是跟蹤、騷擾，這種行為就是典型的復仇。對於不愛自己的人，要用愛的復仇。變成跟蹤狂的人，非常了解對方討厭那樣被跟蹤，也明白這種行為無法發展成正常而良好的關係。但依然企圖藉由「憎惡」「討厭」，想辦法與對方維持連結。

年輕人　什麼嘛，這種思考邏輯聽起來真不舒服！

哲學家　又或者像自殘、繭居這樣的做法，阿德勒心理學認為那也是「復仇」的一環。藉著傷害自己、毀損自己的價值，控訴「**我之所以變成這副樣子，都是你害的**」。當然，當事人的雙親會因此傷心，覺得自己的心都碎了。然而在孩子看來，他們的復仇行動成功了。

年輕人　……那種狀況幾乎已經進入到精神醫學的範疇了吧？其他還有嗎？

哲學家　暴力或粗暴的言詞當然也會變本加厲，還有不少孩子甚至會加入不良組織或反社會勢力，做出犯罪行為。另外，消極的孩子則會變得超乎常人所能想像的骯髒，或是沉溺在大家都不由得覺得反感、詭異怪誕的興趣中等等，復仇的手段可說各式各樣都有。

年輕人　面對那樣的孩子，我們該怎麼辦？

哲學家　假如你班上有那樣的學生，你沒有什麼可以做的。他們的目的就是要「向你報仇」。你越是伸出手，他越是覺得復仇的機會到來，只會讓對方的言行態度變得更嚴重。到了這種地步，只能向毫無利害關係的第三人尋求協助而已；也就是交由其他老師或學校以外的人，例如像我們這樣的專業人士來幫忙。

年輕人　……不過，這如果是第四階段的話，表示上面還有一個囉？

哲學家 嗯。比復仇更加棘手的，就是最後這個階段。

年輕人 ……請教教我吧。

哲學家 脫序行為的第五階段，就是「**證明自己無能**」。

年輕人 證明自己無能？

哲學家 是的。在這裡，有一件事要請你設身處地去想一想：當你試圖變成「特別的存在」，然而我們前面所說明過的種種方式都沒能讓你達成目的。父母師長、班上同學對你連憎惡的感覺都沒有，不論在班上還是家裡，都找不到自己的「位置」……如果是你的話，你會怎麼做？

年輕人 應該會乾脆放棄吧。因為不管我做什麼都得不到認同，自然就會變得不再做任何努力了吧。

哲學家 可是父母師長應該會訓斥你，要你多用功讀書，也會一一介入干涉你在學校的態度或交友關係等事情；當然，他們完全是站在想要協助你的立場。

年輕人 根本是多管閒事！那些事情如果可以處理得好的話，我早就安排妥當了。我會希望他們完全不要干涉。

哲學家 就連這樣的想法他們也無法理解。身邊的人都希望你能更努力，認為你只要願意做就能做到，而且期待他們在你身上所下的工夫必定能夠改變你。

年輕人　我都說了，那樣的期待對我來說根本就是個大包袱！希望他們完全別管我！

哲學家　沒錯，其實正是這種「不要再對我有任何期待」的想法，才會與「證明自己無能」有所連結。

年輕人　意思是「不要對我有所期待。為什麼？因為我很無能」嗎？

哲學家　是的。對人生絕望、打從心底討厭自己、認定自己什麼都解決不了，而且為了不再經歷這樣的絕望，變得逃離所有的課題，並且對身邊的人明白表示：「我是如此無能，請不要給我課題。我沒有解決的能力。」

年輕人　為了不想再受傷？

哲學家　沒錯。與其一邊想著「或許能辦到」，一邊去處理課題，結果遭遇失敗，不如一**開始就認定「不可能辦到」、直接放棄比較輕鬆**。因為這麼一來，就不必擔心遭受更嚴重的打擊。

年輕人　……呃，是啦，那種心情我明白。

哲學家　於是他們會**用盡各種方法和手段來「證明」自己有多無能**。毫不避諱地扮演一個傻瓜、不論做什麼事都無精打采，再怎麼簡單的課題都不願意去處理面對。不久之後，連自己都對這個「扮演傻瓜的自己」深信不疑。

年輕人 的確有學生會將「因為我是笨蛋」掛在嘴邊。

哲學家 如果會說出口的話，頂多算是自我嘲諷吧。真正進入第五階段的孩子在扮演傻瓜的過程中，幾乎讓人懷疑他們是否患有什麼精神疾病。他們對於那個試圖處理課題的自己，以及打算進行思考的自己踩了煞車，然後一味地厭世、拒絕課題，也拒絕來自身邊他人的期待。

年輕人 面對那樣的孩子，該怎麼去互動？

哲學家 他們希望的是「不要對我有任何期待」「不要管我」，更進一步說，就是「放棄我吧」。父母師長越是向他伸出手，他越是企圖用更極端的方式「證明自己無能」。很遺憾，沒什麼是你可以為他做的，只能交給專家。話說回來，即使對專家來說，就連要協助這種開始證明自己無能的孩子，都是很困難的事。

年輕人 ……我們這些教育工作者可以做的事，未免也太少了。

哲學家 不會的，大多數脫序行為會停留在第三階段的「權力鬥爭」上。**為了不讓他們繼續向前踏入，教育工作者所擔負的職責很重大。**

「懲罰」就能讓「罪過」消失嗎？

年輕人　脫序行為的五個階段的確是很有意思的分析。首先是尋求稱讚；接著，如果不受人注目的話，就採取行動；再不行的話，就挑起權力鬥爭；然後轉變成惡意的復仇，最後是大肆宣揚自己的無能。

哲學家　而這一切都是**源自於「歸屬感」**，**也就是「要在共同體中確保獨特地位」的目的**。

年輕人　是。這是一套完全具備阿德勒心理學風格，以人際關係為主軸的道理。關於這樣的分類，我認同。

可是您忘記了嗎？我們應該要討論的是「責罵」這件事的對錯吧？不管怎麼說，我已經實踐過阿德勒式「不責罵的教育」。無論發生什麼事都不責備，等待對方自己察覺。結果呢，教室變成什麼樣子？規矩什麼的完全沒有，簡直就像個動物園！

哲學家　於是你用了責罵的方式。罵過之後，有任何改變嗎？

年輕人　吵鬧的時候如果大聲責罵，當場會安靜下來。或是學生忘記寫作業的時候罵一下，他會露出反省的表情。不過最後我發現，效果只限於那當下。過了一會兒，馬上又開始吵鬧，或是又開始不寫作業。

哲學家 你覺得為什麼會那樣？

年輕人 就是因為阿德勒呀！一開始決定採用「不責罵」的方式根本就是錯的。因為當初給他們好臉色看，怎樣都無所謂，所以他們就覺得「這傢伙沒什麼好怕的」「不管做什麼都不會怎麼樣」，把我看扁了！

哲學家 你認為要是當初就用責罵的那一套，就不會變成這樣了嗎？

年輕人 那當然啊。這就是我最後悔的地方。不論任何事，開頭很重要。明年我要是接了新班級，從第一天開始就要嚴厲地訓斥管教他們。

哲學家 你的同事或前輩中，想必有些很嚴厲的人吧？

年輕人 嗯，雖然不至於到體罰的程度，但總是對學生破口大罵、嚴厲訓斥的老師倒是有好幾位。他們徹底扮演令人討厭的角色、貫徹了老師的職責。就某種意義來說，是專業的典範。

哲學家 這實在很奇怪。為什麼那些老師們「總是」要破口大罵呢？

年輕人 為什麼？因為學生調皮搗蛋使壞呀。

哲學家　不，如果「責罵」是教育上最有效的手段，照理說，一開始罵個幾次之後，脫序行為應該就會消失不見。但為什麼會變成「總是」在罵人呢？為什麼「總是」露出可怕的樣子、「總是」非得大聲嚷嚷才行呢？你從來沒有想過這是很奇怪的事嗎？

年輕人　……如果不這樣的話，那些孩子根本就不會聽！

哲學家　不對。**這表示「責罵」這個手段在教育上沒有效用**，這是無可動搖的鐵證。即使你明年一開始就採用嚴厲訓斥管教的方式，情況還是不會跟現在有所不同，甚至會變得更糟也說不定。

年輕人　變得更糟?!

哲學家　你應該已經明白了吧？他們的脫序行為，其實涵蓋了「被你責罵」這件事在內、更進一步的狀況。**受到責罵，是他們所期望的**。

年輕人　您是說，期望被老師罵、因為被罵而覺得開心?!哈哈，這是什麼受虐狂嘛。開玩笑也要有個分寸吧！

哲學家　應該沒有人會因為被罵而開心吧。但是會因為「自己做了『足以被罵的特別的事』」而有了英雄般的成就感。藉由受到責罵，可以證明自己是獨特的存在。

年輕人　不是的。這件事在成為人類心理問題之前，必須先面對法律與秩序的問題。在我面前，有個人在做壞事，不論他為了什麼「目的」，總而言之就是在破壞規矩。對他加以處罰，是理所當然的吧。如果不那樣做的話，沒辦法維持公共秩序。

哲學家　你是說，為了維護法律與秩序，所以責罵？

年輕人　是啊。我不是想要責罵學生，也不是想要懲罰他們——這是當然的，哪有人會期待那麼做！可是，處罰是必要的。一方面是為了維護法律與秩序，另一方面就是針對犯罪的遏止力。

哲學家　你所謂的遏止力是？

年輕人　就像比賽中的拳擊手，不管怎麼樣被追打或居於劣勢，也不能踢對方，或把對方摔出去。因為他知道要是自己那麼做，會遭到取消資格的處分。取消資格這種重大的「罰則」，擁有遏止違規行為的力量。如果「罰則」的執行模糊不確實、失去了遏止力，拳擊比賽就沒辦法進行了。所以處罰，就是針對犯罪唯一的遏止力。

哲學家　這是個有趣的比方。那麼，如此重要的處罰，也就是你們所採用的責罵，為什麼沒有在教育環境下發揮它的遏止力呢？

年輕人　說法有很多。像是那些資深的老師懷念過去准許體罰的年代，他們會說因為時代變了、處罰變輕了，所以失去了遏止的力量。

哲學家　我明白了。那就讓我們進一步再想想，為什麼「責罵」在教育上無法發揮效用吧。

哲學家說明了「脫序行為的五個階段」。它的內容的確精準地掌握人類的心理，讓人見識到阿德勒的真本領。不過年輕人心裡想：我是唯一管理這個班級的大人，必須向他們展現生活在社會中的人類典範。換句話說，犯了罪過的人，如果不加以懲罰，「社會」的秩序將會瓦解。我並不是用理論來愚弄人類的哲學家，而是為了孩子們的明天擔負責任的教育工作者。這個男人根本就不明白，活在現實生活中的人們，責任究竟有多麼重大！

以暴力為名的溝通

年輕人 好吧，要從哪裡開始？

哲學家 我想想……假設你班上發生了暴力毆打事件吧。是因為一些小爭吵演變成拳腳相向的打架事件。你會如何處置這兩個人？

年輕人 如果是那種情況的話，我不會大聲斥責他們，反而會冷靜聽聽看雙方的說法。慢慢問他們「為什麼吵架？」或「為什麼打人？」之類的事。

哲學家 學生們會怎麼回答呢？

年輕人 嗯……大概是「因為他說了這樣的話，讓我很火大」，或是「他對我做了這種過分的事」等等的吧。

哲學家 接著你會怎麼做？

年輕人 聽過雙方的說法，確定是誰的錯，再讓有錯的那一方道歉。只是說起來，所有爭執裡，彼此其實都有不對的地方，所以我會讓他們互相道歉。

哲學家 這兩個人會接受嗎？

年輕人 通常還是會堅持自己的說法才是對的。不過，只要當事人能有那麼一點覺得「自己可能也有錯」的話，我就覺得這樣夠了。吵架本來就是兩敗俱傷的事。

哲學家　原來如此。那麼，假設你的手上拿著剛才提到過的三角柱。

年輕人　三角柱？

哲學家　對。一面寫著「可惡的他」，一面寫著「可憐的我」，最後一面是「今後該怎麼辦」。就像我們這些諮商師使用這個三角柱那樣，你同時想像一下用這個三角柱去聽聽學生的說法。

年輕人　……什麼意思？

哲學家　學生們所說「他說了這樣的話」「他對我做了過分的事」這些吵架的理由，如果用這個三角柱來思考的話，不就是「可惡的他」和「可憐的我」嗎？

年輕人　……呃，是啊。

哲學家　你光是問學生「原因」，不管再怎麼追究下去，只會聽到推卸責任與辯解的說詞。**你應該做的，是聚焦在他們的「目的」上，和他們一起想想「今後該怎麼辦」**。

年輕人　吵架的目的？不是原因？

哲學家　讓我們依照順序一個個來解開那些結吧。首先，一般我們是透過語言來溝通對吧？

年輕人　對。就像我和您對談這樣。

哲學家　所以溝通的目的、目標是什麼？

年輕人　意思的傳達，就是傳達自己的想法吧。

哲學家　不是的。「傳達」只不過是溝通的入口而已。最終的目標，是要達成雙方意見一致。光是傳達的話，不具任何意義。只有當傳達的內容獲得對方理解、達成一定的協議，溝通才開始具有意義。你和我，也是一邊摸索，一邊以達到某種程度的意見一致為目標，才進行這樣的對話。

年輕人　是啊，真的是很花時間呢！

哲學家　沒錯。藉由語言溝通直到意見一致為止，需要耗費相當多時間及力氣。不是光靠自己一意孤行的要求，必須用客觀的數據，甚至要準備一些資料說服對方。而且相對於所耗費的成本，可以得到的立即有效性與確實性實在太過貧乏。

年輕人　就像您所說的，真的會讓人感到厭煩。

哲學家　那麼，你知道對爭辯感到厭煩的人，還有那些認為在爭辯中毫無勝算的人會怎麼做嗎？

年輕人　這個嘛，應該不是退出吧？

哲學家　**他們最後選擇的溝通手段，就是暴力**。

年輕人　呵呵，這倒是有趣！原來會連結到那裡呀！

哲學家　只要訴諸暴力，不必耗費時間和力氣，就能強行通過自己的要求；說得更直接，就是可以讓對方屈服。**暴力，畢竟是成本最低、最輕鬆省事的溝通手段**。在論及道德上不被允許之前，不得不說是人類過於不成熟的一種行為。

年輕人　您的意思是，並不是因為道德觀念上不認同，而是因為那是不成熟的愚蠢行為，所以不認同嗎？

哲學家　嗯。道德標準會隨著時代或狀況而改變，單單以道德為指標去評斷他人是非常危險的。因為在某些年代，甚至還會鼓吹暴力行為。那該怎麼辦呢？我們人類終究還是得要回歸原點，從不成熟的狀態中成長。不可以仰賴暴力這種不成熟的溝通方式，而是要摸索出更多方法。當做施暴「原因」所提出的，那些像是對方說了些什麼、用了什麼樣挑釁的態度等等，其實根本一點關係也沒有。

因為使用暴力的「目的」只有一個，應該思考的是「今後該怎麼辦」。

年輕人　原來是這樣，這倒是對暴力一番有趣的洞察。

哲學家　你能擺出一副事不關己的樣子嗎？現在所說的，也可以套用在你身上喔。

年輕人　才不呢，我可沒有使用暴力唷。您可不要找碴、說到我頭上來！

生氣與責罵的意義相同

哲學家　與某人爭辯的時候，情勢也許會漸漸變得詭異、自己屈居劣勢，又或者是打從一開始就發現到自己的主張欠缺合理性。像這種時候，即使還不到使用暴力的程度，也有人會用扯著嗓門、拍打桌子，或大哭大鬧等方式來威嚇對方，試圖貫徹自己的主張。這些行為也都必須視為成本低廉的「暴力式」溝通……我在暗示什麼，你應該明白吧？

年輕人　……這、您真是可恨又惡毒！現在是在嘲笑情緒激動、扯著嗓門的我，說我是不成熟的人嗎?!

哲學家　不。在這個房間裡，你怎麼大聲嚷嚷都沒關係。我要提出來的問題是，你所選擇「責罵」這種行為真正的內幕。

你**因為覺得用語言和學生溝通太麻煩，想盡快讓對方屈服，所以責罵他們**。以憤怒為武器、拿著一把破口大罵的槍、用權威的利刃逼近對方。這是身為教育工作者既不成熟又愚蠢的態度。

年輕人　不是！我不是在生氣，我是責罵他們！

哲學家　有很多大人會如此辯解。可是這並不會改變藉由暴「力」來壓制對方的事實。甚至可以說，越是帶有「我是在做好事」這種想法的人，越是惡質。

年輕人　事情才不是這樣！您聽好了，憤怒是讓情緒爆發，變得無法冷靜判斷。以這樣的定義來說，我在責罵孩子的時候根本沒有情緒化！我不是怒氣衝天，而是經過盤算，很冷靜地在責罵。希望您不要把我和那些情緒激昂忘我的人混為一談！

哲學家　或許是如此也說不定。也就是說，那只是一把沒裝子彈的槍囉。可是在學生們看來，槍口朝著自己的事實是不變的。不管裡面有沒有裝上子彈，你就是一手拿著槍在進行溝通。

年輕人　那麼我大膽地問一句：要是對方就像拿著刀子、跟你對峙的凶惡犯人，他不但犯了罪，還主動挑釁。這就像是要引人注意或挑起權力鬥爭之類的行為。那麼，我手裡拿著槍溝通又有哪裡不對了？否則要怎麼維護法律和秩序？

哲學家　面對孩子的脫序行為時，父母或教育工作者應該做的是什麼？阿德勒說：「捨棄法官的立場吧！」你並沒有被賦予審判他人的特權。維護法律與秩序並不是你的工作。

年輕人　不然要我做什麼？

哲學家　現在你要維護的既不是法律，也不是秩序，而是「在你面前」的孩子，那個引發脫序行為的孩子。**教育工作者是諮商師，所謂的諮商是「再教育」**。一開始我就跟你說過了吧？諮商師拿著槍什麼的，太奇怪了吧？

年輕人　可、可是……

哲學家　包含責罵在內的「暴力」，就是顯露出人類不成熟的溝通方式。孩子們對這部分也十分清楚。在受到斥責的時候，不同於對其他暴力行為的恐懼，他在**潛意識裡便會洞察到「這個人是不成熟的」**。

這個問題的嚴重性超乎大人們的想像。你會「尊敬」一個不成熟的人嗎？又或者，你能從一個對你暴力威嚇的人身上感受到自己受「尊敬」嗎？伴隨著憤怒與暴力的溝通裡，沒有尊敬；非但如此，只會招來輕蔑。責罵和本質上的改善毫無關連，這早已經是不言自明的道理。阿德勒就說過：**「憤怒，是會讓人與人關係疏遠的情緒。」**

年輕人　您說我不只不受學生們尊敬，甚至受到輕蔑？只因為我責罵他們?!

哲學家　很遺憾，應該是的。

年輕人　……完全不了解當場所發生的狀況，您又知道些什麼？

哲學家　我不了解的事應該很多吧。不過你一再掛在嘴邊的「當場」狀況什麼的，說起來也算是「可惡的他」，還有受愚弄的「可憐的我」這類的說法。我不認為那些有任何必須認同的價值。全都是聽過就算了。

年輕人　……可惡！

哲學家　如果你擁有面對自己的勇氣，能夠真正去思考「今後該怎麼辦」的話，應該就能向前邁進了吧。

年輕人　您說我光會找一堆藉口是吧？

哲學家　不。說是「藉口」其實不太正確。你只不過是完全專注在「無法改變的事物」上，大嘆「所以沒辦法」。**不要執著在「無法改變的事物」上，要直視眼前「可以改變的部分」**……你還記得嗎？那段基督徒口耳相傳的「尼布爾祈禱文」。

年輕人　嗯，當然記得。**「主啊，祈求祢賜給我一顆平靜的心，去接納無法改變的事物；賜給我勇氣，去改變那可以改變的東西；並且賜予我智慧，時時能分辨這兩者的差異。」**

哲學家　仔細琢磨這段話，再次想想「今後該怎麼辦」。

自己的人生，可以自己選擇

年輕人　就當做我已經接受老師的提議，不責罵也不問原因，只問學生「今後該怎麼辦」好了。結果會變成怎樣呢？根本連想都不必想，得到的答案只會是「不再犯了」或「從現在開始會認真」這種嘴上說說的反省。

哲學家　強求之下的反省不會產生任何作用。就像你所說的，常有些人會要求對方寫悔過書或道歉文，但這些東西的目的其實都只是為了「獲得原諒」，與反省毫無關連。要求人家寫這些東西的人，也不過就是自我滿足罷了。我們要的不是那樣，在這裡要問的是對方的生活態度。

年輕人　生活態度？

哲學家　來說明一下康德所說的話吧。關於自立，他是這麼說的：**「人類之所以處於未成年狀態，並非因為欠缺理性，而是因為不仰賴他人的指示就無法擁有運用自己理性的決心與勇氣。也就是說，人類要為自己停留於未成年狀態負起責任。」**

年輕人　……未成年狀態？

哲學家　是的，沒有達到真正自立的狀態。還有，他所說的「理性」，可以把它想成是包含從知性到感性在內的整體「能力」。

年輕人　您是說，我們並不是能力不足，而是缺乏使用能力的勇氣，所以無法脫離未成年的狀態？

哲學家　沒錯。他還進一步挑明了說：**「拿出勇氣，去運用自己的理性吧！」**

年輕人　呵呵，根本就像阿德勒一樣嘛。

哲學家　那麼，為什麼人類會試圖讓自己處於「未成年狀態」呢？要是說得極端一點，為什麼人們拒絕獨立自主？你的見解如何？

年輕人　……因為膽小懦弱……嗎？

哲學家　或許也有這一面。只不過，請回想一下康德所說的話。**我們仰賴「他人的指示」過日子是比較輕鬆的**。不必思考太過困難的事，也不必為失敗負責。只要宣誓一定的忠誠，一切麻煩事都有某人代為承擔。不論是在家庭或學校裡的孩子們、在企業或官場工作的社會人士，還是來到這裡尋求諮商的人，應該都是如此吧？

年輕人　呃，嗯……

哲學家　而且身邊的大人們都認為應該讓孩子處於「未成年狀態」，用各種方法灌輸他們自立有多危險、多可怕，以及必須承擔什麼風險。

年輕人　為了什麼？

哲學家　**為了讓他們在自己的支配下**。

年輕人　為什麼要那樣做？

哲學家　這個嘛，你可以捫心自問一下。因為你也在不自覺的情況妨礙了學生們自立。

年輕人　我嗎?!

哲學家　嗯，沒錯。父母和教育工作者總是會對孩子過度干涉、過度保護。結果把他們教養成凡事都要仰賴他人指示的那種「自己無法做任何決定的孩子」，教育出年齡雖已經長大成人，但心思上還是個孩子、沒有他人指示就一事無成的人。這樣根本談不上自立。

年輕人　不，至少我是希望學生可以自立的！我為什麼非要刻意妨礙他們不可呢？

哲學家　你不明白嗎？你**害怕學生自立**。

年輕人　為、為什麼?!

哲學家　如果學生自立了，站在與你對等的立場上，你的權力和威信就會瓦解。你現在與學生之間構築的是「縱向關係」，你害怕這樣的關係瓦解。不只是教育工作者，這也是潛藏在許多父母心中的恐懼。

年輕人　不，我沒有……

哲學家 另外還有一點。當孩子失敗的時候，尤其是給他人造成困擾時，你當然也會遭人追究責任：身為教育者的責任、身為監督者的責任；如果是父母的話，就有身為父母的責任。是吧？

年輕人 嗯，那是當然的。

哲學家 要怎樣才能迴避那些責任？答案很簡單，就是**支配孩子**。不允許孩子冒險，只讓他走一條無災無難、不會受傷的路，盡可能處在自己的管控下。這不是因為擔心孩子才那麼做，**一切只是為了自己想明哲保身**。

年輕人 是不想為了孩子的失敗被別人追究責任？

哲學家 結果就是這樣。也正因為如此，**站在教育立場的人，還有擔負組織運作責任的領導者，必須時常以「自立」為目標**。

年輕人 ……不要只為了明哲保身。

哲學家 諮商輔導也一樣。我們在進行諮商的時候，必須謹慎小心**不讓對方處於「依賴」和「不負責任」的狀況**。例如，當前來尋求諮商的人表示「多虧老師讓我痊癒」的時候，問題其實並沒有真正解決。因為這句話背後的意思是「我自己一個人什麼也做不了」。

年輕人　因為他依賴諮商師嗎？

哲學家　對。這對於你，也就是對教育工作者來說，都是一樣的。讓學生表示「託老師的福，我才能畢業」或「多虧了老師，我才能及格」的教育工作者，在真正的教育上其實是失敗的。必須讓學生感覺是憑著自己的力量去達成才行。

年輕人　可、可是……

哲學家　教育工作者是孤獨的。不會受到任何人稱讚，也沒有人慰勞，全都要依靠自己的力量去發揮、展現，甚至不會獲得感謝。

年輕人　要接受那樣的孤獨，是嗎？

哲學家　是啊。不是期待由學生那裡獲得感謝，而是感覺自己能對「自立」這個大目標有所貢獻，擁有貢獻感。**在貢獻感中找到幸福，唯有如此而已**。

年輕人　……貢獻感。

哲學家　三年前應該也對你說過。**幸福的本質是「貢獻感」**。你要這麼想：如果期待獲得學生的感謝，等著「多虧有老師」這句話……結果就是妨礙學生的自立。

年輕人　那具體上要怎麼做，才能達成不讓孩子們「依賴」或「不負責任」

的教育?!要怎麼做才能協助他們真正自立？請舉出具體的實例，而不是觀念，否則我沒辦法接受！

哲學家　我想想。比方說，當孩子問到「我可以去找朋友玩嗎？」的時候，有些家長會表示：「當然可以。」或是有附帶條件：「功課都做完以後才可以去。」甚至有些父母根本就禁止孩子出去玩。不論哪一種回答，都是讓孩子處於「依賴」及「不負責任」的狀況下。

所以不能這樣，而是教孩子：「你自己決定就行了。」教導他們：**自己的人生、日常生活中的行為，一切都由自己決定。至於做出決定時所需要的材料——像是知識或經驗，如果身為大人的我們具備的話，可以提供給他。這就是教育工作者所應有的姿態。**

年輕人　自己決定……他們有那種判斷力嗎？

哲學家　持有疑慮的你，對那些學生的尊敬還不夠。如果是真正的尊敬，應該會讓他們自己決定一切。

年輕人　他們或許會犯下無法挽回的錯誤喔！

哲學家　就算是父母師長「為他們選擇」的道路也一樣。為什麼斷定只有他們的選擇會失敗，而你自己指示的那條路就不會？

年輕人　不過，那是因為……

哲學家　孩子們失敗的時候，你的確會被追究責任吧？然而那並不是以人生為賭注的那種責任。要為實質意義上的責任負責的，只有他本人。也正因為如此，所以出現了「課題分離」這樣的概念。也就是「因為這項選擇而導致的結果，最後由誰來承受？」這樣的想法。不會承擔最終責任、不站在那個立場上的你，不可以介入他人課題。

年輕人　您要我放任孩子不管？

哲學家　不是的。是**尊重孩子的決定，從旁協助**。而且**讓他知道，你隨時都準備好提供協助，保持一種不過分靠近，卻足以協助他的距離，在一旁守候**。就算那項決定最後是失敗的，孩子也已經學到了**「自己的人生，自己可以選擇」**。

年輕人　自己的人生，自己選擇……

哲學家　呵呵呵。「自己的人生，可以自己選擇」，這是貫穿今天這場論辯的重大主題，請你好好記住。對了，寫在筆記上吧。

好，我們在這裡先休息喘口氣。請你回想看看，自己過去是用什麼樣的態度面對學生。

年輕人　不用，不需要休息！我們繼續說下去！

哲學家　我們接下來要談論的內容，需要更加集中注意力。為了集中，需要適度的休息。我來泡個熱咖啡，你可以冷靜下來整理一下思緒。

第三部　由競爭法則到合作法則

教育的目標是自立，而所謂的教育工作者就是諮商師。一開始，年輕人認為這兩句話是陳腔濫調，不太放在心上。然而隨著論辯進行，對自己的教育方針所產生的疑惑也逐漸擴大。自己認為必須嚴格維護法律與秩序的教育方式錯了嗎？我是害怕學生自立而妨礙了他們嗎？……不，不可能是那樣。毫無疑問，我向來是支持他們自立的。相對而坐的哲學家沉默地撫著鋼筆，一副超然又洋洋得意的樣子！年輕人用乾癟的嘴唇啜了一口咖啡，費力擠出聲音似地開了口。

否定「用稱讚讓人成長」的做法

年輕人　……教育工作者不是法官，必須是陪伴在孩子身旁的諮商師；而斥責不過是顯露出自己的不成熟、遭人輕蔑的行為。教育的最終目標是「自立」，不可以橫加阻礙。好吧，關於「不可以責罵」的解釋，我暫時接受——如果您也同意下面這種假設性說法的話。

哲學家　假設性的說法？

年輕人　我們這些人呢，也就是教師或家長們之間也有很多機會談論到「責罵式教養」和「稱讚式教養」的對錯；想當然，支持「責罵式教養」的人少。這除了是時代潮流之外，也有很多人是基於道德上的觀點而不贊同。至於我，也不是那麼想責罵學生，所以大致上支持這種看法。另一方面，絕大多數的人相信「稱讚式教養」那一套，幾乎沒有人直接否定它。

哲學家　想必是吧。

年輕人　可是呢，阿德勒連稱讚那一套都否定了。三年前，當我請教您這是為什麼的時候，您是這麼說的：「**稱讚是『有能力者給無能力者的評價』，目的是要『操控』**。」所以您說不能稱讚。

哲學家　是的，我是那麼說過。

年輕人　當初我也相信是那樣，所以忠實地實踐了「不稱讚的教育」。不過，那也只持續到某個學生讓我注意到這種想法是錯的為止而已。

哲學家　某個學生？

年輕人　這是好幾個月前的事了。學校裡屈指可數的問題學生寫了讀書報告交上來。這是暑假自由選讀的作業，沒想到他竟然讀了卡繆的《異鄉人》。哇，我嚇了一大跳。雖然我很訝異他會寫這篇報告，但更讓我吃驚的是內容！那是只有多愁善感的思春期少年才會有的文思，是一篇充滿豐富感性、相當了不起的心得報告。讀完之後，我忍不住誇讚他：「我說你啊，很厲害嘛！完全不知道你這麼會寫文章。我對你刮目相看唷！」

哲學家　原來是這樣。

年輕人　我一說完的那瞬間，心裡就想：這下糟了。尤其是「對你刮目相看」這句話，正是阿德勒提出糾正的那種上對下的「評價」；更進一步的說法，就是輕視他的態度。

哲學家　嗯，否則不會說出這樣的話來。

年輕人　可是實際上，我是稱讚他的，而且是用很坦率直接的評價誇讚他。結果這位問題學生到底露出了什麼表情呢？有出現反彈嗎？……唉，我真想讓老師您也見識一下！他呢，表現出一副從來不曾有過的那種、真的是少年天真無邪的燦爛笑容！

哲學家　呵呵呵。

年輕人　簡直讓我整個人豁然開朗。阿德勒到底算什麼，都是因為被他那套騙人的說法迷惑，我竟然選擇了那種剝奪喜悅和笑容的教育。那種東西，算什麼教育！

哲學家 ……於是你採用了稱讚的方式？

年輕人 那當然。我毫不考慮就用了稱讚的方式，不論對他或其他學生都一樣。結果他們不只開心，課業也進步了，越是稱讚他們，就越有勁，只能說這是一種良性循環。

哲學家 你的意思是，確實提升了效果。

年輕人 是的。當然，我不是一視同仁稱讚所有人，而是只稱讚付出一定努力才得到成果的人。因為不那麼做的話，這些稱讚都會變成謊言。像是剛才那個寫了讀書報告的問題學生，現在根本變成了書蟲。總之他就是讀很多書、交出他的心得報告。太棒了，書本就是通往世界的門戶。不久之後，說不定學校圖書館已經無法滿足他，就會開始往大學圖書館跑了；也就是我之前工作的那間圖書館！

哲學家 如果是那樣的話，可能真的會讓人感觸良多呢。

年輕人 我知道。這樣的做法一定會遭您反對吧。您會說那是「要求稱讚」，是脫序行為的第一階段。可是呢，現實狀況完全不同。

比方說，就算一開始是以「獲得稱讚」為目的，但是因此在過程中了解到學習的快樂、體驗到達成目標的快感，用自己的雙腳站立起來，這也和阿德勒所說的「自立」有所關連。

哲學家　果真可以如此斷定嗎？

年輕人　您就乾脆一點，認了吧！不管怎麼說，學生們可是因為稱讚而找回了笑容和努力的意願喔。這才是在教育工作現場深入人心、伴隨人情溫暖的教育。在阿德勒的教育中，有任何溫暖和歡笑嗎?!

哲學家　這樣吧，我們一起來思考一下：**為什麼在教育現場要貫徹「不可以稱讚」這項原則？明明有些孩子受到稱讚會感到開心，並有所成長，為什麼不能稱讚？**你又會因為稱讚冒著什麼樣的風險？

年輕人　嘿嘿，您不知道又要提出什麼歪理。這部分我可是不會退讓的，您如果要改變論調，就趁現在吧。

褒獎讚揚會帶來競爭

哲學家　剛才提過，「班級是民主國家」，你還記得吧？

年輕人　哼哼，您還因為那樣一口咬定說我是法西斯主義者呢！怎麼可能會忘記？

哲學家　然後我指出了「由獨裁者率領的組織，腐敗在所難免」。只要進一步思考這麼說的原因，應該就能找出「為什麼不可以稱讚」的答案了。

年輕人　您就說說看吧。

哲學家　在獨裁壓制、民主主義尚未確立的共同體中，有關善惡的一切規範都以領導者自己的意見為依歸。國家當然不用說，就連企業組織、家庭和學校都一樣，而且那些規範的運用是相當恣意妄為的。

年輕人　啊，像那種所謂獨裁式經營的企業就是典型吧。

哲學家　至於說到這些獨裁領導者是否都遭「國民」厭惡呢，那倒也未必，受到國民熱烈支持的情況甚至可說不在少數。你認為這是為什麼？

年輕人　因為他具有領袖人物非凡的魅力？

哲學家　不是。那只不過是次要或外在的因素。最主要的原因是，**因為有嚴苛殘酷的賞罰**。

年輕人　喔～原來是這樣！

哲學家　只要違反了規範，就會遭受嚴厲懲罰；遵守規範，則能受到稱讚並獲得認同。換句話說，大家不是支持擁護領導者的人格或思想信念，**只是以「受稱讚」或「不被責罵」為目的而順從**。

年輕人　是呀，是呀，這世界上本來就是這樣的啊。

哲學家　那麼，問題來了。當這些以「受稱讚」為目的的人聚在一起，他們所處的共同體就會出現「競爭」。只要其他人受到稱讚，自己就會覺得不甘心；但自己受了稱讚，就會洋洋得意。該怎麼做才能比旁人先獲得稱讚？甚至更進一步思考該如何獨占領導者的寵愛？就像這樣，**共同體將受到以褒獎讚揚為目標的競爭法則所支配**。

年輕人　怎麼聽起來拐彎抹角的。總之您就是看競爭不順眼，是吧？

哲學家　你贊成競爭嗎？

年輕人　非常贊成啊。老師您好像只把焦點放在競爭的缺點上，應該要考慮得更廣泛、更深遠才對。不論是學業也好、藝術或運動競賽也罷，還有出社會之後的經濟活動，就是因為有那些對手和我們並肩一起跑著，我們才會更加努力向前衝。這些讓社會向前邁進的力量，其根底全都是靠競爭法則推動的。

哲學家　果真如此嗎？你認為讓孩子處於競爭法則下、被迫與其他人競爭，會發生什麼事呢？所謂的競爭對手，就是「敵人」。要不了多久，孩子們大概就會**養成「他人都是敵人」「人人都伺機要陷害我，是不可輕忽的對象」這樣的生活型態吧**。

年輕人　您為什麼要想得那麼悲觀呢？對於人類的成長來說，對手的存在是多麼激勵人心啊！而且根本完全不知道，競爭對手將變成多麼值得我們信賴的知心好友。相信一直以來，您一定是整天沉浸在哲學裡，過著沒有好友也沒有對手的孤獨人生吧。哼哼，我忍不住覺得老師您好可憐呢。

哲學家　如果是算得上勢均力敵的盟友，那我十分贊同。可是，**既沒有任何與對手競爭的必要，也不應該去競爭**。

年輕人　對競爭對手表示贊同，卻不贊成競爭？欸欸欸，這不是立刻就出現了矛盾嗎？

共同體之病

哲學家　沒有矛盾。請你把人生當成一場馬拉松來思考看看。在你身邊，有競爭對手並肩跑著。這種狀況本身是一種激勵，讓人心裡感覺踏實、受到鼓舞，所以不會有任何問題。可是當你試圖「贏過」對手的那一瞬間，就整個變了樣。原本一開始應該以「跑完全程」或「跑快一點」為目的，這下子整個切換成「要贏過這個人」。本來應該與你是盟友的對手，變成了必須打倒的敵人……然後出現各種繞著勝利打轉的策略；視情況而定，還會牽扯到妨礙或不正當的行為。即使比賽結束，你也無法為對手的勝利獻上祝福，還受嫉妒和自卑感所苦。

年輕人　所以您認為競爭根本不可取？

哲學家　有競爭的地方，就會出現謀略、不當行為。根本沒有必要去贏過任何人。只要可以跑完全程，不就已經夠了嗎？

年輕人　哎呀，太天真了！您這種想法實在太天真了！

哲學家　那麼，我們把話題從馬拉松轉回現實社會。不同於時間為標準的馬拉松競賽，在獨裁領導者所率領的共同體中，要以什麼為「致勝」關鍵，標準並不明確。以教室來說，學業以外的部分也可以是判斷依據。在這種評價標準不明確的情況下，就會出現扯夥伴後腿、搶別人功勞、為了讓自己獲得肯定而諂媚主管等囂張跋扈的行徑。在你工作的地方，難道不曾見過這種現象嗎？

年輕人　呃，嗯……

哲學家　**為了不至於導致這樣的結果，組織中必須貫徹真正的民主主義，沒有賞罰，也沒有競爭**。你要知道，藉由賞罰來操控他人的教育本來就是和民主主義互相悖離的。

年輕人　那麼請問老師，您所認為的民主主義是什麼？什麼樣的組織、什麼樣的共同體才合乎民主主義？

哲學家　**不依照競爭法則，而是根據「合作法則」運作的共同體**。

年輕人　合作法則?!

哲學家　首先考慮到的不是與他人競爭，而是與他人合作。如果你的班級可以依照合作法則來經營，**學生們就會養成「人人都是我的夥伴」這樣的生活型態**。

年輕人　哈哈，您是說大家和樂融融一起努力？現在這個年代，那種虛幻不實的想法就連在幼稚園也行不通啦！

哲學家　假設有一名男學生一再出現脫序行為。大多數從事教育的人會思考：「該怎麼處理這名學生？」是要稱讚、責罵、忽視，還是考慮其他方法？接著單獨叫到辦公室來解決問題。事實上，這種構想本身就是錯誤的。

年輕人　怎麼說？

哲學家　這**不是因為他「不好」才導致脫序行為，問題完全在於蔓延整個班上的競爭法則**。舉例來說，不是只有他一個人的心靈罹患了肺炎，而是整個班級早就染上嚴重的肺炎。他的脫序行為，不過是這場重病的症狀之一。這就是阿德勒心理學的想法。

年輕人　整個班級的疾病？

哲學家　是的，一種稱為「競爭法則」的病。教育工作者所要做的，不是關注那引發脫序行為的「個人」，而是出現脫序行為的「共同體」；要醫治的不是個人，而是**共同體本身**。

年輕人　整個班級的肺炎要怎麼醫治？

哲學家　**停止賞罰教育、不讓競爭的種子萌芽、從班級裡排除競爭法則**。只有這個辦法而已。

年輕人 這麼做是絕對不可能的，而且還會導致反效果！您忘了嗎？我已經敗在那套「不稱讚的教育」上了耶！

哲學家 ……嗯，我知道。我們在這裡先整理一下剛才討論的內容吧。首先，在強弱或優先順位上爭奪的競爭法則，會自然走入「**縱向關係**」。因為會產生贏家和輸家，形成上下關係。

年輕人 嗯。

哲學家 另一方面，貫徹阿德勒心理學所提倡的「**橫向關係**」，也就是合作法則。不與任何人競爭，沒有優勝劣敗。與他人之間即使有知識、經驗或能力上的差異也無所謂。無關乎學業成績、工作表現，所有人都是對等的，而且正因為與他人合作，才有創造共同體的意義。

年輕人 然後老師您說，那才是民主國家，對吧？

哲學家 對。**阿德勒心理學就是以橫向關係為基礎的「民主主義的心理學」**。

人生由「不完美」開始

年輕人　也好。這讓我們的對立點變得更清楚了。老師您說，這不是個人的問題，而是教室整體的問題；還說在班上蔓延的競爭法則是萬惡的根源。

另一方面，我所關注的卻是個人。為什麼？哈，如果要借用老師的說法，就是「尊敬」囉。這些學生一個個都優秀傑出、擁有獨特的人格。有溫順聽話的孩子、有開朗活潑的孩子、認真努力的孩子，還有脾氣急躁的孩子……有各式各樣的學生，他們不是毫無個性的「一群人」。

哲學家　當然，就是那樣。

年輕人　不，您開口閉口說著民主主義的同時，卻不把這些孩子視為獨立的單一個體，而是當成一個集團一視同仁；甚至還說「只要制度改變了，一切都會改變」，簡直就像個共產主義者！

我可不一樣。制度什麼的怎樣都好，管它是民主主義還是共產主義，全都無所謂。我要面對的不是整個班級的肺炎，頂多只是單一個人的肺炎。

哲學家　因為你向來都是那樣的做法嘛。

年輕人　不然具體來說，要怎樣醫治這肺炎？這也是對立點。我的答案就是「認同」，滿足他們對認同的需求。

哲學家　喔～

年輕人　我懂。我非常清楚，您是否定認同需求的，不過我卻積極承認這種認同的需求。因為這是我經過實際體驗後得到的結論，可不會那麼簡單就讓步。孩子們為了追求認同得了肺病，整個人都凍僵了。

哲學家　可以請你說明一下理由嗎？

年輕人　**在阿德勒心理學中，否定認同的需求**。為什麼？因為受到認同需求束縛的人過於渴望獲得他人認同，不知不覺會循著他人的期待度過人生，**也就是過著他人的人生**。

可是我們並不是為了滿足他人的期待而活。不論對象是父母、老師還是其他什麼人都一樣，**不可以選擇滿足「那個人」期待的生活方式**。是這樣沒錯吧？

哲學家　沒錯。

年輕人　若是完全只在乎他人的評價，將無法過著自己的人生，變成自由遭受剝奪的生活方式。我們不能沒有自由。如果想要追求自由的話，就不可以尋求認同……我這樣解釋沒錯吧？

哲學家　沒錯。

年輕人　了不起，實在是振奮人心的說法是吧？不過呢，很可惜的是，我們並沒有辦法變得那麼堅強啊！只要您也實際去觀察一下學生平時的模樣就會明白。他們費盡力氣在逞強，內心有著莫大的不安；怎樣都無法擁有自信，因為自卑感而受苦。他們需要來自於他人的認同。

哲學家　你說的沒錯。

年輕人　不要隨口就附和表示同意，真是個跟不上時代的蘇格拉底！老師，您知道嗎？您所提到的那些人，根本全都跟大衛像沒兩樣！

哲學家　大衛像？

年輕人　是呀，您知道米開朗基羅的大衛像吧？肌肉隆起、體態勻稱，連一點贅肉都沒有，完全就是理想中的體型。然而那終歸是個沒有血肉的理想形象，並不是存在於現實中的人。活著的人，是會胃痛、會流血的！您總是看著理想中的大衛像在談論人類！

哲學家　呵呵呵，很有趣的說法。

年輕人　相對的，我所提出來的問題都是以現實生活中的人為對象。是個性細膩多樣化，一切都還不夠熟練靈巧、稚嫩的孩子們！有必要以更加健全的方式一一滿足他們對於認同的需求。也就是說，稱讚是必要的。如果不是那樣的話，他們就無法找回受挫的「勇氣」！

您一方面戴著好人的面具，另一方面卻完全沒和弱者站在同一陣線。只會有如威風凜凜的獅子般談論那一套理想論，並沒有和人類並肩同行！

哲學家　原來如此。如果我說的內容聽起來像是脫離現實的理想論，那並非我的本意。所謂的哲學，除了一邊將理想視為理想來追求，一邊還必須是腳踏實地的論究。我們就從其他角度來想想阿德勒心理學不贊成認同需求的原因吧。

年輕人　哼，就像蘇格拉底那樣，要試著辯解一下對吧！

哲學家　剛好你提到了自卑感，我們可以用這個關鍵詞來起個頭。

年輕人　呵呵，要說到自卑感嗎？好呀，我也算是自卑感的專家喔！

哲學家　**首先，我們人類在孩童階段，毫無例外的，每個人都懷有自卑感。**這是阿德勒心理學的大前提。

年輕人　一個例外也沒有？

哲學家　嗯。人類恐怕是唯一身體發展比心靈成長還緩慢的生物。相對於其他生物心靈與身體成長速度一致的情況，只有人類是心靈先成長，身體的發展較落後。就某種意義而言，這就像綁手綁腳在過日子一樣。心靈雖然是自由的，身體卻不聽使喚。

年輕人　喔～這是有趣的觀點。

哲學家　結果，人類的孩子們會因為心理層面上「想做的事」與肉體層面上「能做的事」之間有落差而感到苦惱。有些事，身旁的大人都做得到，自己卻無能為力：大人們伸手就碰得到的架子，自己卻搆不到；大人們可以舉起的石頭，自己連抬都抬不動；長輩們所談論的話題，自己也無法參與……

進一步來說，有這種無力感，也就是**體會到「自己不完美」的孩子們，理論上必定懷有自卑感**。

年輕人　您是說，打從一開始就是以「不完美的存在」去展開人生嗎？

哲學家　對。當然不是說孩子們就生而為人的身分而言是「不完美」的，只是身體追不上心靈的成長而已。然而大人卻只依身體上的條件，把他們「當孩子來看待」，無視孩子們的內心。這麼說起來的話，會因為自卑感而苦惱，也是理所當然的吧。因為心靈上明明與大人沒有差異，生而為人的價值卻不受認同。

年輕人　所有人類都是以「不完美的存在」為開端，所以誰都體驗過自卑感。您這番意見相當悲觀。

哲學家　這也不全然是壞事。自卑感並不是障礙，它總是能成為努力與成長的催化劑。

年輕人　喔？怎麼說？

哲學家　如果人類可以像馬那樣健步如飛，就不會發明馬車，也不會發明汽車了吧。如果能像鳥那樣在天空飛翔的話，飛機應該也不會問世吧。要是能像白熊一樣，身上有著皮毛，就不會發明防寒衣；若可以像海豚那樣游泳，肯定也不需要船隻和指南針。

所謂的文明，就是為補償人類在生物學上弱勢的產物；人類史，就是克服自卑感的足跡。

年輕人　正因為人類很脆弱，所以才構築了這些文明？

哲學家　對。進一步來說，**人類因為這份脆弱而創造了共同體，生活在合作關係中**。打從遠古的狩獵採集時代開始，我們就過著群體生活，與夥伴合作捕捉獵物、養育孩子。並不是大家想要合作，說得更貼切一點，是因為**脆弱到無法單獨存活下去**。

年輕人　您是說，人類因為「脆弱」而集結為群體、構築了社會。我們的力量與文明是源自於「脆弱」的賞賜？

哲學家　反過來說，沒有任何事比孤立更讓人類感覺到可怕的了。孤立的人，不只在身體安全，就連心靈上的安寧都受到威脅。由於本能上非常清楚地認知到獨自一人無法存活，所以我們總是不斷渴求與他人有牢固的「羈絆」……你知道這個事實意味著什麼嗎？

年輕人　……我不知道，是什麼？

哲學家　**社會意識存在於每個人的內心，它與人類的認同有著深厚的關係**。

年輕人　怎麼可能！

哲學家　就像我們無法想像一隻沒有殼的烏龜，或是一隻脖子很短的長頸鹿一樣，也沒有哪個人是可以與他人切割分離的。**社會意識不是「培養學習」而來，是來自內在的「發掘」，所以才能做為一種「感覺」，彼此共有**。阿德勒指出：「社會意識經常反映出身體上的脆弱，無法與它切割分離。」

年輕人　因為人類的「脆弱」，所以社會意識……

哲學家　人類的身體脆弱，但心靈的強韌卻不輸給任何一種動物。拚命埋頭在與夥伴的競爭中，是多違背自然的道理，相信你已經充分明白了吧。所謂的社會意識，並非不著邊際的理想，那是人類內心固有的、生命的根本法則。

社會意識！這個曾讓自己陷入苦思、難以窺其堂奧的阿德勒心理學關鍵概念，如今在這裡真相大白。人類因為身體的孱弱創建了共同體，生活在合作關係中。人類總是冀望與他人之間有所「關連」，所有人的內心都存有社會意識。哲學家說了，去發掘自己的社會意識、渴求與他人的「羈絆」吧！年輕人心中五味雜陳，好不容易才開口提問。

「自我認同」的勇氣

年輕人　可、可是，自卑感與社會意識的存在，為什麼會跟否定認同需求有關連呢？反倒是彼此互相認同，應該更能強化關係才對吧？

哲學家　那麼，請你再回想一下「脫序行為的五個階段」。

年輕人　……嗯。我確確實實寫在筆記裡了。

哲學家　學生們「尋求稱讚」，進而「引起注意」挑起「權力鬥爭」，目的是為了什麼？你還記得嗎？

年輕人　希望自己受到認同、想在班上取得特別的地位。應該是這樣吧？

哲學家　對。那麼，「取得特別的地位」是什麼意思？為什麼要追求這種東西？你的看法怎麼樣？

年輕人　應該是想要獲得尊敬、希望人家佩服他之類的吧？

哲學家　嚴格來說，並不是這樣。**阿德勒心理學認為，人類所抱持的最根本的需求就是「歸屬感」**。也就是不想孤立，希望實際感受到「待在這裡也可以」的感覺。因為孤立將涉及社會性的死亡，不久後，甚至會牽連到生物性的死亡。那麼，該怎麼做才能獲得歸屬感？

就是在共同體之中取得特別的地位，不要成為「其他大多數人」。

年輕人　不要成為「其他大多數人」？

哲學家　是的。無可替代的「這個我」，不可以是「其他大多數人」。無論何時、在任何狀況下，唯獨自己的安身之處是不管怎樣都必須確保的；「待在這裡也可以」的那種歸屬感，是不能有所動搖的。

年輕人　如果是這樣的話，就更加顯現出我的主張是正確的。藉由稱讚、滿足那種切實的認同需求，讓對方知道「你並不是不完美」「你是有價值的」。除此之外沒有其他方法了！

哲學家　不對。很遺憾的，這種做法到最後並不能感受到真正的「價值」。

年輕人　為什麼？

哲學家　因為**認同是永無止境的**。藉由受他人稱讚、獲得認同，或許會在瞬間感覺到「價值」。但由此得到的喜悅等感受，充其量不過是來自外在的東西。如果不透過他人來上發條，就不會轉動，和裝了齒輪的人偶沒什麼兩樣。

年輕人　也、也許是那樣沒錯啦……

哲學家　只有靠著受別人稱讚才能感到幸福的人，直到生命最後一刻，都會努力追求「獲得更多稱讚」。**那種人就這樣置身於「依賴」的處境，過著永遠追求，卻永遠得不到滿足的人生**。

年輕人　那究竟該怎麼辦?!

哲學家　不是向他人尋求認同，而是只能**憑著自己的意思，達到自我認同**。

年輕人　自我認同?!

哲學家　由他人來決定「我」的價值，就是依賴。另一方面，**「我」的價值由我自己決定，則稱為「自立」**。幸福人生位於何者的前方，答案很明顯吧？決定你價值的，不會是其他任何人。

年輕人　那根本是不可能的吧！我們就是因為對自己沒自信，才會需要他人的認同呀！

哲學家　想必那是因為**缺乏「身為普通人的勇氣」**吧？只要展現原有的樣貌就行。就算沒有成為「特別」的人物、不夠優秀，你的位置仍然就在那裡。安然接受平凡、屬於「其他大多數人」的自己吧。

年輕人　……我是一點也不優秀、平凡的「其他大多數人」？

哲學家　不是嗎？

年輕人　……哼哼。竟然可以毫不在乎地說出這種話來侮辱人……我現在可是受到了人生中最大的羞辱喔。

哲學家 這不是羞辱。我自己也是個普通人。而且「身為普通人」一點也不可恥，那是一種個人特質。

年輕人 少在那裡耍嘴皮子了，您這個虐待狂！聽到別人說他是「到處都有的平凡人」時，有哪個現代人不覺得這是一種侮辱的?!有哪個人會真正接受「那也是一種個人特質」的安慰性說法!!

哲學家 如果你認為這句話是一種侮辱，那就表示你依然期待自己是「特別的」。所以你會尋求他人的認同，而且尋求稱讚、想要引起別人注意，以至於生活在脫序行為的框架裡。

年輕人 開、開什麼玩笑！

哲學家 你聽好了，**不是將價值定位在「與他人的不同」，而是將價值放在「自我認同」上**。這是真正的個人特質。不願意「認同自我」、總是拿自己與他人比較、試圖凸顯彼此的「不同」，說穿了不過就是**欺瞞他人、對自己撒謊的生活方式**。

年輕人 不是強調與他人的「不同」；即使平庸，也要將價值定位在「自我認同」上？

哲學家　嗯。因為你的個人特質不是相對的，而是絕對的。

年輕人　……那麼，關於這個什麼個人特質的，我就來說說我自己得到的結論好了。也就是顯現出學校教育極限的結論。

哲學家　喔～請務必說來聽聽。

脫序行為是以「你」為對象

年輕人　……接下來的這些，其實我一直猶豫著要不要說。不過，還是坦白說了吧。我呢，心裡其實總是會感覺到學校教育的極限。

哲學家　極限？

年輕人　嗯。就是我們這些教育工作者的「能力範圍」極限。

哲學家　什麼意思？

年輕人　在班上，有那種開朗外向的學生，也有低調不引人注目的學生。如果以阿德勒的說法，就是大家各自抱持固有的生活型態（世界觀），沒有任何人是完全相同的。那就是個人特質對吧？

哲學家 是的。

年輕人 那麼，他們在哪裡養成這種生活型態？毫無疑問的，是在家裡吧！

哲學家 的確。家庭的影響應該很大。

年輕人 目前，這些學生的一天之中，還是有大半時間在家裡度過，而且是在一個屋簷下，以近到不能再近的距離與家人共同「過日子」。這當中，有些家長對教育很熱衷，也有些對養育子女並不積極；父母離異、分居的，或是已經過世的家庭都不在少數。當然，經濟上的條件也都不盡相同，甚至還有會虐待子女的父母。

哲學家 嗯，真的很遺憾。

年輕人 另一方面，我們這些老師能與學生進行互動的時間，不過就是在他們畢業前的這幾年裡，和幾乎一輩子都關係密切的父母相比，在前提上的條件已經大不相同。

哲學家 所以你的結論是？

年輕人 首先，以包括人格形成在內的「廣義的教育」來說，這是家庭的責任。也就是如果孩子是暴力型的問題人物，那麼唯一的責任就在養育出這種孩子的父母身上。就算再不對，也不會是學校的責任。而我們這些老師所背負的期待是「狹義的教育」，也就是只限於教學層次的教育。在這層次以上的，一概無法干預。儘管會感到有些慚愧，但這就是現實，也是我的結論。

哲學家　原來如此。如果要是阿德勒的話，恐怕會立刻駁回這樣的結論吧。

年輕人　為什麼？要怎樣駁回？

哲學家　因為你所歸納出來的結論，只能說是完全無視於孩子的人格。

年輕人　無視於他們的人格？

哲學家　**在阿德勒心理學中，是以人際關係來考量人類的所有言行。**舉例來說，當有人採取割腕自戕的行動時，這種行為並不是以空無一物的虛空為對象，而是針對某個人去傷害自己的。就如同在脫序行為的「復仇」階段中提過，一切的言行舉止都會有它針對的「對象」。

年輕人　所以呢？

哲學家　像是你所負責的學生，他們在家裡究竟有什麼樣的舉動？關於這部分，不是生活在那個家庭中的我們並不了解。

不過，他們顯露出來的那一面想必不會和在學校全然相同吧。因為沒有人在面對父母、師長、朋友，還有學長姊或學弟妹時，全都採取同樣的態度。

年輕人 嗯，或許是吧。

哲學家 然後你的班上，現在有學生一再出現脫序行為。這樣的行為是針對誰呢？當然是「你」。

年輕人 啥……?!

哲學家 當這名學生戴起「面對你」的面具時，他一再重複的脫序行為不是針對其他任何人，就是針對「你」。這不是父母的問題，完全是你和學生之間的關係所衍生的問題。

年輕人 和家庭教育沒關係?!

哲學家 這是「不可能了解」也「不可能介入」的。總之，他們現在就是下定決心針對你，「要妨礙這個老師上課」或是「不理會這個老師所出的作業」。當然，也有些人在學校不斷引發脫序行為的同時，反而決定「要在父母面前當個乖小孩」。由於這是針對你的行動，所以你非得先承受並解決不可。

年輕人 您是說，這是我必須在自己教室裡解決的課題?!

哲學家　毫無疑問，是的。他們不是向其他任何人，而是向你尋求協助。

年輕人　那些孩子不是以其他任何人，而是以「我」為對象，一再重複那些脫序行為……

哲學家　而且就在你眼前，特別挑選能進入你視線範圍的時刻。他們在家庭以外的其他「世界」，也就是在教室裡尋求一席之地。你必須透過尊敬，向他們展現可以安身的地方。

人為何想成為「救世主」？

年輕人　……真是，阿德勒實在是太可怕了！如果我不知道阿德勒的話，還不需要這麼痛苦。我可以和其他老師一樣，該罵的學生就狠狠地痛罵、該稱讚的就大大誇獎一番，不帶一絲懷疑，就這樣教導學生。除了受到學生感謝，也完全善盡身為教育人員的職責。我真的是寧可從來不知道有這種理想論！

哲學家　的確是，一旦認識了阿德勒思想，就可以說已經無法回頭。有很多接觸過阿德勒思想的人和你一樣，認為那是「理想論」「非科學的」而試圖拋棄它，卻無法割捨。在心裡某處會覺得有一點異樣，不由得對自己的「謊言」有所自覺，簡直可以說它就是人生中的一劑猛藥。

年輕人 我們整理一下目前為止所討論的吧。首先，是不可以責罵孩子。因為責罵是摧毀互相「尊敬」的行為，沒有任何溝通手段比憤怒或責罵的成本更低廉、更不成熟且充滿暴力。是這樣吧？

哲學家 嗯。

年輕人 然後是不可以稱讚。稱讚會在共同體中引發競爭，灌輸並養成孩子們「別人是仇敵」的生活型態。

哲學家 正是如此。

年輕人 再來，責罵或稱讚，也就是賞罰，會阻礙孩子「自立」。因為所謂的賞罰，是將孩子列入自己管控支配下的行為，仰賴這種方式的大人，其實心裡是害怕孩子「自立」的。

哲學家 他希望孩子永遠都是個「孩子」。也因為這樣，才會用賞罰的方式來束縛孩子。打算用「我是為你著想」「因為我擔心你」這種藉口讓孩子停留在孩子的階段……這些大人的態度中沒有一絲尊敬，也無法建立良好關係。

年輕人　還不只有這樣，阿德勒連「認同需求」都否定了。他說，不要尋求他人的認同，而是要切換為自己對自己的認同。

哲學家　是的。這是循著自立的脈絡所應該思考的問題。

年輕人　我知道。所謂的「自立」，就是自己決定自己的價值。那種靠別人來決定自我價值的態度，也就是對認同的需求，只不過是「依賴」。您是這樣說的吧？

哲學家　沒錯。有些人一聽到「自立」這個說法，就會只考慮到經濟層面。不過，**即使是十歲的孩子，也有辦法自立；但也有人到了五十歲，甚至六十歲，都還無法自立**。所謂的自立，是精神層次的問題。

年輕人　……好吧。的確是很了不起的論調。至少就我們在這間書房裡所討論的哲學來說，完全是無懈可擊。

哲學家　可是你對於「這個哲學」並不滿意。

年輕人　……呵呵，是的。不是僅止於哲學，如果沒有辦法在這間書房之外，尤其是在我的教室裡也能通用並真正落實的話，我是無法接受的。

老師，您正是那個向我鼓吹阿德勒思想的人。當然，最後做出決斷是我的責任。可是您不要只是列出一堆「不可以那樣做」「不可以這樣做」之類的禁止事項，如果沒有提出其他選擇，實在讓人很困擾。繼續這樣下去，我不但沒辦法回到原來的賞罰教育，就連堅決相信阿德勒式教育的決心都沒有！

哲學家 或許，答案其實很簡單。

年輕人 那是對您來說很簡單吧。因為您只會說：「相信阿德勒，選擇阿德勒。」

哲學家 不是的。要不要捨棄阿德勒，已經怎樣都無所謂了。最重要的是，在這裡先暫時脫離有關教育的話題。

年輕人 脫離教育的話題?!

哲學家 我以一個朋友的身分對你說，你今天雖然一直在談論教育的話題，但真正的煩惱卻不在那裡。你還沒有獲得幸福，**還沒有具備「變幸福的勇氣」**。而且你選擇成為教育工作者，並不是為了想要拯救這些孩子。事實上，你是想透過拯救孩子，來讓自己得到救贖。

年輕人 您說什麼?!

哲學家　**試圖藉著拯救他人，讓自己獲救；也就是自己藉由扮演救世主的角色，企圖對自己的價值有真切的感受**。這是無法抹去自卑感的人經常落入的一種優越情結型態，一般稱為**「彌賽亞情結」**。試圖扮演彌賽亞——也就是他人的救世主，是一種心理上的倒錯。

年輕人　別、別開玩笑了!!您突然提到的這些是什麼東西！

哲學家　像這樣生氣拉扯嗓門，應該也是自卑感的表現。人的自卑感在受到刺激時，會試圖以憤怒的情緒去解決。

年輕人　欸、這……!!

哲學家　重要的是，要從這裡開始。像這種來自一個身負不幸的人的救贖，將逃脫不了自我滿足的框架，更無法讓任何人獲得幸福。事實上，你一邊積極要拯救這些孩子，但自己卻依然陷於不幸當中。你期盼的只是切實感受自己的價值。既然如此，繼續再針對教育論點激辯也毫無意義。首先你要親自去獲得幸福。否則，我們在這裡的談論全都將流於空泛無聊的謾罵，沒有任何成果。

年輕人　空泛無聊?!您說這場談論空泛無聊?!

哲學家　如果你選擇維持現狀「不要改變」，我會尊重你的決定。你只要維持現狀、回到學校就行。然而你要是選擇了「改變」，那麼就只有今天了。

年輕人　……

哲學家　這已經超脫了工作或教育，是針對你個人人生的一大主題。

「你要脫離關於教育的論辯」「你並不是想拯救這些孩子，而是想透過教育讓陷於不幸的自己得到救贖」……對年輕人而言，這種說法全盤否定身為教育工作者的他，等於勸說他辭職。因為阿德勒綻放的光芒而開了眼界、克服一切困難阻礙以教育為職志的自己，完全沒料到竟會遭受如此對待！接著，年輕人忽然想起……當年宣判蘇格拉底死罪的雅典人，應該就是這樣的心情吧。這個男人太危險了。如果繼續放任這名惡徒，不久後，全世界恐將受到虛無主義的毒害。

教育不是「工作」，而是「交友」

年輕人　……我說老師，您真是應該感謝我的自制力。如果我要是再年輕個十歲，不，五歲就好，又沒有這種自制力的話，恐怕您的鼻梁現在已經被我用拳頭給打歪了呢。

哲學家　呵呵，你有些沉不住氣呢。的確也是，沒錯。阿德勒確實曾受到諮商對象暴力對待。

年輕人　想必是吧！提倡這種謬論，這是必然的回報！

哲學家　有一次，阿德勒診治一位罹患重度精神疾病的少女。少女為症狀所苦已經有八年之久，不得已在兩年前開始住院療養。第一次見面時，據說她「像狗一樣吠叫、吐口水、撕破衣服、企圖吞食手帕」。

年輕人　……那就已經不在諮商範疇內了。

哲學家　嗯，狀況嚴重到連院方的主治醫師都束手無策。所以他們詢問了阿德勒：「如果是你的話，有辦法醫治嗎？」

年輕人　阿德勒醫好她了嗎？

哲學家　是的。最後她再度進入社會、自力更生，完全康復到可以與周遭他人和睦共處的程度。阿德勒表示：「無論是誰見到（現在的）她，應該都不相信她曾經罹患精神疾病吧。」

年輕人 他到底施了什麼樣的魔法？

哲學家 阿德勒心理學裡沒有魔法。阿德勒就只是不斷與她說話。剛開始的八天裡，他每天都和少女見面談話，然而少女連一個字都沒說過。接著是每隔幾天一次的諮商治療，持續三十天後，儘管說起來還是相當混亂難以理解的狀況，但據說少女終於開口說話了。

至於她的動作像狗一樣的原因，阿德勒是這樣解釋的：少女感覺到媽媽對待自己「像狗一樣」。我們不知道少女的媽媽是否真的像對待狗一樣對待她，但至少她有那種「感覺」。於是為了對媽媽的做法表示反彈，潛意識裡便決定「乾脆扮成一隻狗給妳瞧瞧」。

年輕人 也就是採取自殘的行為？

哲學家 你說的沒錯，正是自殘。身為人的尊嚴受傷害時，便會自己親手去挖那個傷口。所以阿德勒才會一再堅定地告訴我們，要保持對等的人際關係。

年輕人 ……原來是這樣。

哲學家 後來，就在繼續進行諮商的某天，少女突然撲向阿德勒、毆打他。這時候，阿德勒怎麼辦呢？他毫不抵抗，任由少女毆打。後來少女因為動作太猛烈，打破了玻璃窗、割傷自己的手指，阿德勒還默默為她包紮傷口。

年輕人　哼哼，這豈不就像《聖經》裡會出現的故事嗎？是你們這些人企圖想把阿德勒包裝成聖人吧？哈哈哈，不好意思，我可不會上當唷！

哲學家　當然，阿德勒既不是聖人，在那個情況下，也不是以道德觀點來選擇「不抵抗」這項做法。

年輕人　既然如此，他為什麼不抵抗？

哲學家　阿德勒表示，在少女第一次開口說話的時候，曾**感覺「我是她的朋友」**。後來他毫無理由遭到毆打時，據說也只是以「友善的目光」看著她。總之，阿德勒不是以工作或職業上的角色面對少女，而是以**友人的身分面對她**。

一位長年罹患心理疾病的朋友，因為精神上出現混亂，而撲上來打人……只要想一想那樣的場面，應該就能理解到阿德勒的行動絕對沒有什麼特殊之處。

年輕人　……嗯，如果真是朋友的話。

哲學家　好了，到這邊我們必須再回想一下，「諮商是朝向自立的再教育，所謂的諮商師就是教育工作者」，還有「所謂的教育工作者是諮商師」的定義。

曾經是諮商師，也是教育工作者的阿德勒，以「一名友人」的身分面對尋求諮商的對象。如此說來，你也應該以「一名友人」的身分去面對學生；因為你是教育工作者，也是諮商師。

年輕人 啊?!

哲學家 你之所以在阿德勒式教育中失敗，而且至今還無法真切感受到幸福，原因很簡單。**因為你迴避了工作、交友與愛，這三者所組成的「人生任務」**。

年輕人 人生任務?!

哲學家 你現在是以「工作」的態度在面對學生。但是阿德勒以身作則所展現的，是要與學生建立「交友」關係。在這種地方如果扣錯扣子的話，教育上是不可能順利進展的。

年輕人 您、您說的這是什麼蠢話!!叫我和那些孩子像朋友一樣互動?!

哲學家 不是裝得「好像那樣」去「互動」。真正的意思是要建立「交友」關係。

年輕人 才不是那樣！我可是有著專業教職人員的榮譽感。正因為是專業、是收受報酬的「工作」，才能夠完全擔負這樣的重責大任！

哲學家 我非常明白你想說的事，不過我不會更改我的意見。你和學生之間應該要建立的是「交友」關係。

三年前，關於人生任務的部分說得並不是太深入。只要可以理解人生任務，必定也能明白我一開始所提到「人生中最重大的抉擇」，還有你應該要掌握的「變幸福的勇氣」。

年輕人　如果無法接受呢？

哲學家　那就捨棄阿德勒，也拋下我就行了。

年輕人　……有意思。看來您相當有自信嘛！

第四部　凡給予的，就得著

哲學家的書房裡並沒有時鐘。目前為止的這番論辯，究竟花了多少時間？從此刻到天亮，還剩幾個鐘頭？年輕人一邊咒罵自己竟然失策忘了戴手錶，一邊再度回頭思索剛才的論辯內容……說我有彌賽亞情結？叫我和學生建立「交友」關係？開什麼玩笑！這男人說我誤解了阿德勒，我看根本就是你誤解了我！迴避人生任務、迴避與他人互動的，其實是封閉在這間書房中的你吧！

所有的喜悅，也來自人際關係

年輕人　我現在正處於不幸當中。我不是為了學校教育煩惱，只是為了自己的人生而苦惱，然後這都是因為我迴避了「人生的任務」……您是這麼說的吧？

哲學家　簡單歸納的話。

年輕人　而且您說，面對學生不是以「工作」，而是以「交友」的態度去建立關係。關於這部分的理由更扯，總之，您說是「因為阿德勒也那麼做」。當年阿德勒以朋友的身分面對諮商對象，所以您認為阿德勒大師那麼做了，要我也應該跟著那麼做……您覺得這樣的說法我能接受嗎？

哲學家　如果我的立論根據只是「因為阿德勒也那麼做」的話，你應該難以接受吧。我當然還有其他依據。

年輕人　這部分您要是不說清楚的話，那就只是狡辯囉。

哲學家　我知道。阿德勒表示，**個人在社會上生活所必須直接面對的課題，稱為「人生的任務」**。

年輕人　這個我曉得。是工作的任務、交友的任務和愛的任務吧。

哲學家　對。這裡的重點在於：這些都是人際關係的課題。譬如以「工作的任務」來說，不是只有勞動的部分才是課題，也要注意到相關的人際關係。就意義上的說明，以**「工作的關係」「交友的關係」「愛的關係」**來思考，或許比較容易懂。

年輕人　也就是把焦點放在「關係」，而不是「行為」？

哲學家　是的。那麼阿德勒為何將焦點放在人際關係上呢？這是有關於阿德勒心理學主軸的論說，你知道嗎？

年輕人　是因為阿德勒對「苦惱」的定義，也就是以「所有煩惱都是人際關係的煩惱」這句話為前提，對吧？

哲學家　正是如此。關於這個定義，或許也需要說明一下。說到我們之所以能斷定「所有煩惱」就是「人際關係的煩惱」的理由到底是什麼？依照阿德勒的說法……

年輕人　唉～太囉嗦了！我直接說明好了，快點把它結束掉吧。「所有煩惱都是人際關係的煩惱」這句話的真義呢，只要反過來想就可以了。

像是假如這個宇宙中只有「我」一個人的話，會變成怎麼樣呢？恐怕那會是一個沒有語言、沒有道理法則的世界吧。不會有競爭也不會有嫉妒，甚至連孤獨都不會有。因為人必須要先有「將我排擠在外的他人」存在，才能實際感受到孤獨。真的只有「一個人」的話，連孤獨也不會出現。

哲學家　嗯，孤獨只會存在於「關係」之中。

年輕人　可是這樣的假設不可能發生，同時也是事實。因為我們要與他人切割獨自生存什麼的，理論上來說是不可能的。所有的人類都是由母親懷胎生下、哺乳養育長大的。如果真的只有自己一個人的話，先不要說飲食怎麼辦，就連翻身都沒辦法做到。

身為小嬰兒的我們張開雙眼，在確認他人（大多數情況下應該是媽媽）存在的瞬間，就形成了「社會」。再來，有爸爸、兄弟姊妹，還有其他家族成員出現，社會就越來越複雜了。

哲學家　是的。

年輕人　社會的誕生，也就是「苦惱」的開始。在社會中，我們會暴露於衝突、競爭、嫉妒、孤獨，甚至自卑感等各式各樣的苦惱之下，「我」和「那個人」之間會響起不和諧的音調。要再度回到那個包覆在溫暖的羊水中、安然寂靜的日子，已經是不可能了。我們只能生活在這個喧鬧的人類社會裡。

如果沒有他人的存在，煩惱也不會存在。然而我們絕對無法逃離他人，所以，人類抱持的「所有煩惱」，都是人際關係的煩惱……我這樣的認知，有沒有哪裡是有問題的？

哲學家　沒有，你整理說明得很精采。只有一個地方讓我來補充一下。如果所有煩惱都是因為人際關係的話，我們只要斬斷與他人的關係就行了嗎？只要遠離他人，自我禁錮就可以了嗎？

不是的。完全不是。要說到為什麼的話，那是因為**人類的喜悅也是源自於人**

際關係。「一個人在宇宙中」獨自存活，沒有煩惱的同時，也不會有喜悅，應該會度過平淡而沒有起伏的一生吧。

阿德勒所說的「所有煩惱，都是人際關係的煩惱」，這句話的背後**隱藏了「所有喜悅，也是人際關係的喜悅」這個幸福的定義**。

年輕人　正因為如此，所以我們必須正面迎接「人生的任務」。

哲學家　就是這樣。

年輕人　好吧。那來說說剛才的問題。為什麼我非得和學生建立「交友」關係不可？

哲學家　這個嘛，說到所謂的「交友」是什麼，我們又為什麼背負著「交友」的任務，就參考阿德勒所說的話來思考一下吧。關於「交友」，阿德勒是這麼說的：**「我們藉由結交朋友，來學習用他人的眼睛去看、用他人的耳朵去聽、用他人的心去感受。」**

年輕人　這是前面出現過的……

哲學家　對，就是社會意識的定義。

年輕人　這是怎麼回事？我們透過「交友」關係學習「理解人性」、培養社會意識嗎？

哲學家　不，所謂「培養」這個說法並不正確。關於社會意識，前面我提過，那是所有人都具備的內在「感覺」。並不是努力去培養的，而是要從自己的內在去發掘。因此正確來說，是「透過交友來發掘」。

正因為置身於「交友」關係中，貢獻他人的能力才會受到考驗。不踏入「交友」關係的人，想必也無法在共同體內找到安身之處吧。

年輕人　請等一等！

哲學家　不，我繼續把結論說完。這時候要面對的問題是，到底要在什麼地方實踐「交友」的任務……相信你已經知道答案了吧。**孩子們最初學習「交友」、發掘社會意識的場所，就是學校**。

年輕人　唉，我就說等一等嘛！討論的內容進展太快，根本搞不清楚什麼跟什麼啦！您的意思是說，因為學校是學習「交友」的地方，所以要我跟那些孩子變成朋友？

哲學家　這是許多人都會誤解的部分。所謂的「交友」關係，並不只是停留在朋友關係的層面。即使在稱不上朋友的夥伴之間，建立「交友」關係的情況也很常見。阿德勒所說的「交友」是什麼？又為什麼會和社會意識有所連結？我們再好好地來討論一下吧。

「信用」？還是「信任」？

年輕人　我再確認一次。所以您不是叫我和那些孩子變成朋友，沒錯吧？

哲學家　是的。三年前，白雪紛飛的最後那天，我對你說明了有關**「信用」與「信任」的不同**，你還記得嗎？

年輕人　「信用」與「信任」？真是很會轉移話題的人耶。我當然記得呀，到現在我還很留意這件事，因為那是一段挺有意思的探討。

哲學家　那麼，就用你的話來說說看吧。如果是你的話，會如何解釋「信用」這件事？

年輕人　嗯，我想想。直截了當地說，**「信用」就是在附帶條件下相信對方。**好比說跟銀行借錢的時候，銀行當然不會無條件把錢借出去。銀行會要求我們提供不動產或是保證人的擔保，再借出與擔保品價值相符的金額。而且，還會加上相當的利息。這樣的態度，不是「因為相信你才借錢給你」，而是「因為相信你提供的擔保有價值，所以借錢給你」。總之，不是相信「那個人」，是相信那個人所擁有的「條件」。

哲學家　相對之下的「信任」呢？

年輕人　**相信他人的時候，不附加任何條件**。就算沒有任何足以讓人相信的依據，也相信他。不考慮擔保的問題，無條件相信。那就是「信任」。不是相信對方擁有的「條件」，而是相信「對方本身」。也可以說，重視的不是物質上的價值，而是個人的價值。

哲學家　原來如此。

年輕人　如果再加上我個人的解釋，這同時也是相信那個「信任對方的自己」。對自己的判斷沒有自信的話，無論如何都會要求對方提供擔保。**要先信任自己，才會信任他人**。

哲學家　謝謝你，歸納得很好。

年輕人　……算是相當優秀的學生吧？說起來，我信奉阿德勒思想的時間也很久了，還找了不少資料文獻研讀。更重要的是，我已在教育環境中實踐過了，並不是在毫無認知的情況下產生情感上的排斥。

哲學家　那是當然。不過，請不要誤會了。你既不是我的弟子，也不是我的學生。

年輕人　……呵呵！您是說，像我這種沒禮貌的傢伙，已經不配稱為弟子了是嗎？這下可好了，提倡阿德勒思想的大師發怒了。

哲學家　你毫無疑問也是愛「智」之人。對於有疑惑的事，總是毫不遲疑以自己的話語去思考，試圖達到更高層次的認知、不斷在進步。換句話說，你是一位愛智者，是哲學家。至於我，不是高高在上向你傳授學問的人，而只不過是與你站在同一個平面、一名愛好「智慧」的哲學家。

年輕人　您說，不是老師也不是弟子，而是對等的哲學家？這麼說來，您也有可能會承認自己的錯誤，改為採納我的意見囉？

哲學家　那當然。我既想從你那裡學到許多事，而且實際上，每次的對談當中都會有新奇的發現。

年輕人　呵。給人戴上高帽的同時，批評還是一樣不手軟呢。話說，到底為什要談到「信用」與「信任」呢？

哲學家　根據人際關係上的距離與深度，阿德勒所揭示的人生任務——「工作」「交友」「愛」會有所區分。

年輕人　嗯，您曾經說過。

哲學家　只是，單單把「距離」「深度」掛在嘴邊，有些部分還是難以理解。遭到誤解的地方應該也很多。所以要請你把它想得簡單一點，**工作和交友就像「信用與信任」之間的差異**。

年輕人　信用與信任？

哲學家　對。**工作關係是「信用」的關係，而交友關係則是「信任」的關係**。

年輕人　什麼意思？

哲學家　所謂的工作關係，是牽扯到某些利害或外在因素、有附帶條件的關係。舉例來說，因為剛好都在同一家公司，所以互助合作。雖然不欣賞對方的為人，但因為是工作對象而保持關係，也提供協助。可是在工作之餘，並不會想繼續維持那樣的關係。因工作而結合的利害關係，正可說是「信用」的關係。這是不論個人好惡，非建立不可的關係。

另一方面，**在交友關係上則完全沒有「非得和這個人交朋友不可的理由」**。不會有利害關係，也不會有外在的強制性因素。這樣的關係，終究只是因為「喜歡這個人」、發自內在動機而締結的。如果借用你剛才的說法，不是相信對方擁有的「條件」，而是相信「對方本身」。交友，很顯然就是「信任」的關係。

年輕人　啊～又要開始這種囉嗦的論辯了。既然如此，阿德勒為什麼要用「工作」還是「交友」這種說法？一開始就用「信用」和「信任」，還有「愛」來說明不就好了？您只不過是想把討論的內容複雜化，故意用這種方式來矇騙人！

哲學家　我明白了。那麼我就盡量簡單扼要地說明一下，阿德勒選擇用「工作」這種說法的理由。

年輕人確信，阿德勒恐怕是以清貧為美德，將一切經濟活動視為貪婪粗鄙的行為吧，所以才會如此輕視工作，要我們「與學生建立交友的關係」。真是太可笑了。如同教育工作者的身分一樣，年輕人對於自己身為職業人士的身分也引以為傲。我們並不是基於個人興趣或做善事，而是將教育當成一種職業，也正因為如此，才能善盡責任達成任務。咖啡已喝完，天也漸漸亮了。然而年輕人的雙眼依然有如烈焰燃燒一般，炯炯有神。

「工作」為何是人生任務？

年輕人 那麼請問，阿德勒到底怎麼評價工作這件事？他是不是對工作還有透過工作賺錢一事抱著輕蔑的態度？關於這部分的討論，也是為了讓阿德勒心理學這種流於空泛的理想論變成腳踏實地的實用理論所不可缺少的。

哲學家 對阿德勒來說，工作的意義很簡單。所謂的工作，就是為了在地球這個嚴苛的自然環境中存活下去的生產手段，也就是將工作當成與「生存」有著極大關連的課題。

年輕人 喔～嗯，的確是很庸俗的說法。總之就是「為了吃飯而工作」對吧？

哲學家 對。考慮到生存餬口，使得人類必須從事某些勞動，這是不言自明的道理。而更進一步，阿德勒所重視的是促成「工作」的人際關係的樣貌。

年輕人 促成工作的人際關係？這是什麼意思？

哲學家　身處自然界中的人類既沒有尖銳的牙齒，也沒有可翱翔天空的翅膀，更沒有堅硬的外殼，換言之，在形體上是處於劣勢的生物。也因為如此，我們選擇了群體生活，保護自己不受外敵侵犯。群體狩獵、從事農耕、確保足夠的糧食，在維護自身安全的同時，也養育子女並存活下來……從這裡，阿德勒所導出的解釋相當精采。

年輕人　他下了什麼結論？

哲學家　我們人類不只是成群結隊。**人類在此還學會了「分工合作」這種劃時代的工作方式**。所謂的分工合作，就是人類為了補償身體上的劣勢而獲得的絕無僅有的生存戰略……這就是阿德勒最終的結論。

年輕人　……分工合作?!

哲學家　如果只是群聚的話，有許多動物都一樣會這麼做。但人類是在建構了高度分工合作系統後，才成群結隊的，甚至說是為了分工合作而形成社會也不為過。對阿德勒來說，「工作的任務」不只是單純的勞動任務。而是以與他人的連結為前提的「分工合作的任務」。

年輕人　您說，因為前提是要與他人有所連結，所以「工作」也是人際關係的課題？

哲學家 會變成這樣沒錯。人類為什麼要勞動？是為了生存，為了在這個嚴苛的自然環境中存活。人類為什麼形成社會？是為了勞動，為了分工合作。存活與勞動，還有社會的建立是不可分的。

年輕人 ……嗯嗯。

哲學家 亞當‧斯密等人以經濟學的立場闡明了分工合作的意義，這樣的聲音早在阿德勒之前就已經出現。然而在心理學領域中，尤其是在人際關係中倡導分工合作意義的，阿德勒應該是第一人。因為這個關鍵詞完全說明了工作對人類的意義，還有社會的意義。

年輕人 ……哇，這是很重要的內容。請您再說詳細一點。

哲學家 阿德勒的提問總是從大處著手。我來引用一段他說過的話：「我們若是住在一個不必工作就能享有一切的星球上，恐怕怠惰就是美德，而努力勤奮將成為惡行。」

年輕人 這句話很有意思耶！然後呢？

哲學家 但實際上，地球並不是這樣的環境。我們的糧食有限，也沒有人提供我們居住的地方。那麼該怎麼辦？就是工作。而且不是自己一個人，是和夥伴一起工作。阿德勒的總結是這樣的：「理論與常理上都一致的答案是：**我們應該要工作、合作與貢獻。**」

年輕人　那終究也只是理論上的說法。

哲學家　這裡重要的是，阿德勒並沒有斷定工作本身是一種「善」。無關乎道德上的善惡，我們就是必須要工作，非得分工合作不可。就是必須與他人建立關係。

年輕人　所以是超乎善惡的結論囉。

哲學家　總之就是**人類無法獨自存活**。在談論到耐不住孤獨寂寞，或希望有談話對象等問題之前，光就生存的層次來說，一個人就是無法存活的。而且為了要與他人「分工合作」，就必須相信他人。一個讓你心存懷疑的對象，是無法攜手合作的。

年輕人　所以這是「信用」的關係？

哲學家　對。人類沒有「不相信」這個選項，我們無法不合作、不分工。不是因為喜歡那個人才合作，而是無論如何都必須要合作。你應該可以這麼想。

年輕人　有趣！不，這太棒了！總算把工作的關係搞清楚了。為了生存，必須要分工；為了分工，需要彼此之間的「信用」，而且是沒有選擇餘地的。我們沒有辦法自己生存，所以沒有「不相信」這個選項，也不得不建立關係……是這樣吧？

哲學家　是的。這正是人生的任務。

任何職業均無貴賤

年輕人　那我再問得更深入一點。不得不相信，或是不得不合作的關係，這不是只限於工作場合吧？

哲學家　嗯。最容易了解的例子，就是像運動競賽中的隊友之類的，這可說是最典型的分工關係。為了贏得比賽，必須超越個人好惡，互相合作。沒有因為討厭所以不理對方，或關係不好就不上場這樣的選擇。比賽一旦開始，就完全忘記「喜歡」或「討厭」。隊友之間不是「朋友」的關係，而是一種「功能性」的存在。所以自己也要盡可能表現優異，扮演功能性的角色。

年輕人　……比起關係好不好，優先考量的是能力。

哲學家　這部分是無法避免的吧。事實上，亞當．斯密曾斷言，分工的根源就是來自於人類的「利己之心」。

年輕人　利己之心？

哲學家　假設有一位製造弓箭的名家。只要用他製造的弓箭，就能格外提升命中率與殺傷力。不過這個人並不是狩獵高手。跑得慢，視力又差，儘管有了好弓箭，卻抓不到什麼獵物……有一天，他終於意識到：「那麼，自己就專心製造弓箭吧！」

年輕人　喔～為什麼？

哲學家　如果專心製造弓箭的話，一天可以做出好幾十副。只要把這些交給擅長狩獵的夥伴，他們能夠獵到的獵物應該比現在更多才是！之後再分得一些他們帶回來的獵物就行了。因為這樣就是讓彼此獲得最大利益的選擇。

年輕人　原來是這樣。不是一起工作，而是各自分擔擅長的領域啊。

哲學家　對狩獵高手們來說，如果可以得到製作精巧的弓箭，應該沒有什麼比這個更棒的了。自己不必製造弓箭，只要專心打獵就好，然後將獵物一起分給大家……就這樣，由「集體狩獵」進一步構成更高層次的分工合作體系。

年輕人　的確是很合理。

哲學家　重要的是，「沒有任何一個人犧牲了自己」；換句話說，純粹基於利己之心的組合，構成了分工制度。追求利己之心的結果，產生了一定的經濟秩序。這就是亞當・斯密所認定的分工。

年輕人　在分工的社會裡，追求「利己」到極致的結果，會和「利他」有所連結。

哲學家　就是這麼一回事。

年輕人　不過阿德勒鼓吹的是「貢獻他人」吧？三年前，您還斬釘截鐵地說過，要我們以貢獻他人為目標，說那是人生的指針，是「導引之星」。優先考量自己利益的想法，難道不會與「貢獻他人」相互矛盾嗎？

哲學家　一點也不矛盾。首先要踏入工作關係中，與他人或社會利益相結合。這麼做的話，在**追求利己之心的前方**，**就是「貢獻他人」**。

年輕人　話雖然那麼說，可是一旦有了角色的分擔，不就產生了優劣嗎？也就是擔任重要工作的人，還有從事無關緊要工作的人之間會有差異。這樣不會違反「對等」的原則嗎？

哲學家　不，並沒有違反原則。如果站在分工的角度想，職業不分貴賤。不論是一國的宰相、企業的經營者、農夫、工廠勞工，甚至是一般很少被當成職業看待的全職家庭主婦，**所有的工作都是「共同體之中必須要有人去做」的，我們不過是各自分擔而已。**

年輕人　不論什麼樣的工作都具有同等價值？

哲學家　對。關於分工，阿德勒是這麼說的：「人的價值，是根據他如何徹底執行在共同體分工中所擔任的角色而決定。」

也就是說，**個人的價值不是以「從事什麼樣的工作」來判斷，而是由他對那份工作「採取什麼樣的態度」來決定。**

年輕人　採取什麼樣的態度嗎？

哲學家　例如以你來說，辭去圖書館館員的工作，選擇了教職這條路。在你眼前，有好幾十名學生，你感覺到自己擔負著他們的人生。你覺得自己正在從事一份無比重大，而且對社會有用處的工作。說不定，你甚至認為教育才是一切，其他職業根本都是微不足道的小事。

但是以整個共同體來考量，圖書館館員、國中老師或其他各式各樣的工作，全都是「共同體之中必須要有人去做的事」，其中並沒有好壞之分。會有好壞之分的，只有對工作所採取的態度而已。

年輕人 這裡所說「對工作採取的態度」，是什麼意思？

哲學家 原則上，在分工的關係中，會重視個人的「能力」。比方說，企業在錄用員工時，以能力高低為判斷標準，這部分的確沒錯。不過，以分工為起點，之後的個人評價，還有彼此關係的狀況，就不是光憑能力來判斷了。反倒是「想和這個人一起工作嗎？」這樣的想法更重要。因為不這樣的話，互助合作會變得困難。

至於決定「想和這個人一起工作嗎？」「當這個人遇上困難時，我想幫助他嗎？」這種想法的關鍵因素，就在於那個人誠實坦率的程度，還有對工作採取的態度。

年輕人 那麼，您的意思是只要誠實坦率、態度真誠的話，不論是從事拯救人命的工作，還是利用他人弱點去放高利貸的人，價值都一樣不變嗎？

哲學家　嗯，不會變。

年輕人　喔！

哲學家　我們的共同體中具備了「一切所有的工作」，各式各樣的工作都有人去做是很重要的。因為這樣的多樣性，才會豐富多元。如果是不具價值的工作，而且沒有任何人需要的話，不久便會遭到淘汰。能夠不被淘汰而留存下來的，都具有一定的價值。

年輕人　所以即使是高利貸也有價值囉？

哲學家　那麼想是很自然的吧。最危險的，其實是主張那種什麼是善、什麼是惡，談論著不上不下的「正義」。**陶醉在「正義」中的人，無法認同自己以外的價值觀，對「正義的介入」堅持到底**。這種介入繼續下去的話，最後等在終點的，應該是一個剝奪自由、整齊畫一的灰色社會吧。你從事什麼樣的工作都好，其他人也一樣，不論做什麼工作都沒關係。

重要的是「如何運用自己被賦予的事物」

年輕人　……有意思。這個阿德勒式的「分工」，又是一個很有趣的概念。在自然界之中的人類因為太脆弱，沒有辦法獨自存活，所以我們建立了群體，採用了「分工」的工作方式。只要分工，連長毛象都能打倒，可以農耕，也能建造房屋。

哲學家　是的。

年輕人　而且分工是超越個人好惡，由「相信他人」開始。我們不分工就無法生存，不與他人合作就無法存活，這也表示「不相信他人就無法活下去」。這是分工的關係，也是「工作」的關係。

哲學家　對。比方說道路上的交通規則。我們是基於相信「所有人都應該會遵守交通規則」來看紅綠燈過馬路的，然而並不是無條件信任，我們多半會先確認一下左右有沒有來車。只是說起來，對於不認識的他人還是有著一定的信賴度。就某種意義來說，這也是達成「交通順暢」這種關乎大家共同利益的工作關係。

年輕人　原來如此，就是這樣吧。關於分工的部分，我目前並沒有發現到什麼應該提出的反對意見。只是您應該沒忘記吧？這段論辯應該是從您對我說到「必須與學生建立交友關係」那句話開始的。

哲學家　嗯，我沒忘。

年輕人　可是，一旦站在分工角度來思考，您的主張就變得越來越不理性。我到底為什麼必須和學生建立交友關係？再怎麼想，這都和工作沒關係呀！我也好，學生也好，都不是在互相選擇下才湊在一起的，不過就是透過機械式的分配罷了；事實上，本來都是互不相干的陌生人啊。然而我們卻為了班級的經營，並以畢業為目標，非得互助合作不可。這理當是為了共同利益而結合的「工作」關係才對。

哲學家　我認為會有這樣的疑問是很正常的。那麼，我們在這裡把今天所談論的內容一個個回想一下吧。教育的目標是什麼？教育工作者應該做的工作又是什麼？我們的論辯就是從這個提問而出發的。

阿德勒的結論很簡單。教育的目標是「自立」，教育工作者該做的就是「提供朝向自立發展的協助」。關於這一點，你應該也同意吧。

年輕人　嗯，原則上我可以接受。

哲學家　那麼，要如何協助孩子們自立？對於這個疑問，我提到了「要從尊敬開始」。

年輕人　嗯，您是這麼說的。

哲學家　為什麼是尊敬？尊敬又是什麼？在此，我們必須想到弗洛姆所說的話：「所謂的尊敬就是如實看待對方。」「他是他自己，即是價值之所在。」

年輕人　我當然記得。

哲學家　尊重對方原有的樣貌。你只要是「你自己」就行了，不必是特別的。只要你是「你自己」，就已經具有價值。透過尊敬、透過這樣的訊息傳遞，孩子們就會找回受挫的勇氣，開始登上自立的階梯。

年輕人　的確談到了這些。

哲學家　好，這邊所凸顯出來、所謂尊敬的定義「如實尊重他人」，它的根基是「信用」，還是「信任」呢？

年輕人　咦？

哲學家　不將自己的價值觀強行加諸他人身上，尊重對方可以是「他自己」。說到為什麼有辦法那樣做，那是因為無條件接受、相信他人。**換句話說，就是因**

為信任。

年輕人　您是說，尊敬和信任是一樣的意思？

哲學家　是可以這麼說沒錯。反過來說，一個你不尊敬的人，就無法「信任」他。**能否「信任」對方，其實在於你是否尊敬他。**

年輕人　哈哈，我懂了。教育的入口就是尊敬，然後所謂的尊敬就是信任。再來，基於信任的關係，就是交友的關係。就是這樣的三段論法，是吧？

哲學家　就是那樣。以「信用」為基礎的工作關係，並沒有辦法尊敬學生。正如同現在的你。

年輕人　……欸，不是，問題不在那裡。比方說，無條件信任獨一無二的好朋友、接受他本來的樣貌，如果是這種情況，那是非常有可能的。

問題是，關鍵不在於信任這種「行為」，而是「對象」。您說，要和所有的學生建立交友關係、無條件信任學生。您真的認為這是有可能達成的嗎？

哲學家　當然。

年輕人　要怎麼做?!

哲學家　舉例來說，有人會挑剔身邊所有人，覺得「討厭那個人的某些地方」

「無法忍受這個人的某種行為」，然後大嘆：「唉～我的運氣真差。一點也不受眷顧，沒機會遇上好人。」

這樣的人，果真是不受眷顧、沒遇上好人嗎？不是的。絕對不是。他不是找不到好夥伴，只是不願意去結交夥伴，也就是不願意朝著人際關係踏出那一步而已。

年輕人 ……這麼說，我們和任何人都能成為夥伴？

哲學家 可以。你和那些學生們或許是因為某些偶然的因素，湊巧變成同聚一堂的關係；在那之前，可能是連名字、樣貌都互不認識的陌生人。甚至就像你說的那樣，沒辦法變成無可取代的好朋友。

但是請你想想阿德勒所說的：**「重要的不是你被賦予了什麼，而是你如何去運用它。」無論任何對象都能寄予「尊敬」與「相信」**。因為那並非受環境和對象左右，完全在於你的決心。

年輕人 是那個嗎？您所說的還是在於勇氣的問題嗎？相信的勇氣?!

哲學家 是的。一切都會歸結到那裡。

年輕人 錯了！您根本不懂真正的友情！

哲學家 什麼意思？

年輕人　您就是因為沒有真正的好朋友、不懂真正的友情，才會說出那種荒謬的事！您跟所有人一定都只是很膚淺的泛泛之交，才會說不論什麼人都好！逃離人際關係、迴避人生任務的不是別人，正是老師您自己!!

在這個自然界中，人類實在太過於渺小而脆弱了。為了補償那樣的弱點，人類創建了社會，產生了「分工」。所謂分工，是唯有人類才會採用的罕見生存戰略……這就是阿德勒所說的「分工」。如果在這裡就畫下句點的話，年輕人應該會給阿德勒鼓掌叫好吧。可是接下來，哲學家開始說到的「交友」，卻讓他幾乎無法接受。有關分工的務實理論談了那麼多，突然話鋒一轉，變成了交友的主題，結果還不是又開始談起了「理想」！而且還叫人要拿出勇氣！

你有幾位好朋友？

哲學家　你有真正的好朋友吧？

年輕人　對方是怎麼想的，我並不知道。不過像您所說那種可以「無條件信任」的朋友，我有一位。

哲學家　整體來說，是個什麼樣的人？

年輕人　他是我的大學同學。那傢伙的志向是成為小說家，我總是他的第一號讀者。他會在夜深人靜的時候，突然到宿舍來找我，「我寫了短篇故事，你讀一下！」或是「欸，杜斯妥也夫斯基的小說裡也有這一段喔！」像這樣對我嚷嚷。到現在還是一樣，一有新作品就會拿來找我。當初我得到教師這份工作時，他也跟我一起慶祝了呢。

哲學家　他從一開始就跟你是好朋友嗎？

年輕人　當然是不可能的啊！所謂的友情，是要花時間培養的。並不是突然就變成親近的好朋友，而是一起歡笑、一起擔憂、一起使壞犯點小錯，像這樣慢慢培養友情才成為好朋友的；雖然過程中也不時會反覆出現激烈的衝突。

哲學家　換句話說，他是到了某個階段才開始從朋友變成了「好朋友」吧？是什麼樣的原因讓你覺得他已經是好朋友了？

年輕人　嗯……我想想。一定要說的話，應該是開始確信「如果是這傢伙的話，就算毫不保留跟他說出一切，也不用擔心」的時候吧。

哲學家　對普通朋友就沒辦法毫不保留說出一切嗎？

年輕人　大家都是這樣吧。任何人都戴著一張「交際的面具」，隱藏真正的想法在過日子。即使是見了面會談笑風生的朋友，也不可能讓對方看見自己的真面目。我們會謹慎選擇話題、態度，還有使用的字眼。大家都是戴著「交際的面具」和朋友進行互動。

哲學家　為什麼在普通朋友面前不拿掉面具呢？

年輕人　因為那樣做的話，關係會破裂呀！雖然您說要有「被討厭的勇氣」什麼的，但是沒有任何人會刻意希望討人厭的啦。為了避免無端衝突、不要破壞關係，我們會戴上面具。不這樣的話，這個社會是沒辦法運轉的。

哲學家　說得更極端一點，難道不是**為了避免受傷害**？

年輕人　……欸，這個我承認啦。我自己的確是既不想受傷，也不想傷害別人。可是呢，戴上面具並不只是為了保護自己，反而應該說是一種體貼耶！如果我們全都用真面目和真心話去過日子的話，會傷害太多人。您想想看，所有人都用真心話去相互衝撞的這個世界……簡直是一片血腥的地獄景象!!

哲學家　可是你在好朋友面前就能脫掉面具，而且就算因此互相傷害了，也不會破壞關係吧？

年輕人　就算脫掉面具，關係也不會破裂。就算對方偶爾一、兩次出現不合情理的舉動，我也不會以這個為理由和他斷絕關係，因為我們是在接受彼此優缺點的情況下結交為朋友的。

哲學家　這是很棒的關係。

年輕人　而且重要的是，在這世界上，幾乎很少有人能讓我保有那樣的確信。一生之中，頂多找得到五個人，大概就算是很幸運的吧。

好吧，差不多該換您來回答我的問題了。老師您擁有真正的好朋友嗎？聽您說話的感覺，像是除了深陷在書本與空泛的想像外，既不懂友情，也沒有好朋友似的。

哲學家　我當然也有幾位好朋友。就如你所說的，是那種「可以用原本的樣貌去面對的朋友」或是「即使偶爾一、兩次不合情理的舉動，也不會讓我以這個為理由去斷絕關係的朋友」。

年輕人　喔，是什麼樣的人？同學嗎？哲學同好？還是研究阿德勒的夥伴？

哲學家　例如你。

年輕人　啊？您說什麼?!

哲學家　之前也跟你說過吧？對我而言，你就是那無可替代的朋友之一。我在你面前，從來沒有戴過面具。

年輕人　那麼，難道說，您對我「無條件信任」嗎?!

哲學家　那當然。如果不是那樣的話，這段對話就不會成立了吧。

年輕人　……騙人！

哲學家　是真的。

年輕人　少開玩笑了！您打算用這樣的方式來玩弄人心嗎？真是個偽君子!!我可不會輕易被這種花言巧語欺騙!!

要先「相信」

哲學家　你到底為什麼如此堅決否定「信任」這件事呢？

年輕人　我倒是要反過來請您教教我！相信毫不相干的陌生人，而且是無條件地相信，這麼做究竟有什麼意義？所謂無條件相信對方，等同於不帶批判的盲目態度，是這麼回事沒錯吧？不就是叫我們要當溫馴的綿羊嘛！

哲學家　不是的。相信，並不是什麼都照單全收。關於對方的思想信念，或是他所談論的話語，我們要抱持懷疑的態度，要暫且留待自己深入思考。這並非壞事，而且是很重要的步驟。在這樣的基礎上，我們該做的是**即使對方說了謊，我們也要連帶說謊的部分完整地相信他這個人**。

年輕人　……啊？

哲學家　相信他人，並不是什麼都囫圇吞棗的被動態度。**真正的信任，其實是具有徹底主動的影響力**。

年輕人　您在說什麼啊？

哲學家　比方說，我想盡可能讓更多人了解阿德勒的思想、想傳達阿德勒所說的話。可是這樣的心願，光憑我自己一個人的努力並不會實現，必須要那些聽到我所說的、並且想聽聽看我在說什麼的人有了「聽的意願」，這件事情才有辦法成立。

那麼，要怎樣才能讓對方願意傾聽並把我所說的話聽進去？我沒有辦法強制要求對方「你要相信我！」要不要相信，是對方的自由。我能夠做的，只有相信這個我要傳遞訊息的對象。如此而已。

年輕人　相信這個對象？

哲學家　對。如果我對你抱持不信任的態度，就這樣談論阿德勒，你應該也不會想聽我說什麼吧。這與我談論內容的適切性沒有關係，而是打從一開始就沒有意願要聽。這是理所當然的。

可是我心裡想著希望你相信「我」。我想要你相信我，想要你聽一聽阿德勒說的話。因此，我要先相信你這個人。即使你不打算相信我也一樣。

年輕人　因為希望對方相信自己，所以要先相信？

哲學家　對。像是不信任孩子的父母，勸誡孩子一堆有的沒有的事，但就算那些話是正確的，孩子也無法接受。甚至可以說，越是正確，越讓孩子想反抗。為什麼要反抗？因為孩子認為父母完全不在意自己、不信任自己，不過是照本宣科在說教。

年輕人　用正確的道理說不通……我可是每天都對這種事有深切的體會啊。

哲學家 我們只願意相信那個「會相信自己的人」所說的話，而不是用「意見的正確度」來判斷對方。

年輕人 我承認，的確是有這一面沒錯。可是到最後，還是要追究意見的正確度呀！

哲學家 由微小的爭辯到國與國之間的戰爭，一切的爭執都是因為「我的正義」相互衝撞而挑起。所謂的「正義」會因為時代、環境還有立場而變化成各種模樣；不論在哪裡，都沒有唯一的正義或單一的答案這種東西存在。過度相信「正確性」，是很危險的。

在這當中，我們找出一致之處、尋求與他人的「關連」，期望可以手牽手……如果想與他人攜手，就只能自己先伸出手。

年輕人 不，這也是傲慢的想法喔！為什麼呢？當老師您提到「相信」我的時候，應該是想著「所以你這傢伙也要信服我」吧？

哲學家 不是的。這是無法強求的。**不論你要不要相信我，我都會相信你，而且會繼續相信你**。那就是「無條件」的意思。

年輕人 那現在又如何呢？我可是不相信您的唷。即使是遭到這麼強烈的拒絕，被別人用過分的言詞辱罵，您還依然能相信我嗎？

哲學家　那當然。自從三年前開始就沒變過，我是相信你的。要不然，也不會如此認真又花上這些時間與你對談。不相信他人的人，就連當面直接論辯都辦不到，也無法感受到你剛才那種貼切的形容：「如果是這個人，就算毫不保留跟他說出一切也不用擔心。」

年輕人　……嗯，不可能啦！這種說法，我實在無法相信！

哲學家　那也沒關係。我還是會繼續相信你。相信你，相信人類。

年輕人　別再說了！您以為自己是宗教家嗎?!

人與人之間，永遠無法心意相通

哲學家　我再說一次，我並沒有特定的宗教信仰。只不過，無論是基督教或佛教，那些歷經數千年長期淬煉的思想中，想必有一股無法忽視的「力量」。而且正因為其中包含了一定的真理，才能不被淘汰而留存至今……像是……對了，

《聖經》裡有一句話是「要愛你的鄰人」，你知道嗎？

年輕人　嗯，當然。不就是您最愛提起的博愛嘛！

哲學家　廣為流傳的這句話，其實遺漏了一個重要的部分。在《新約聖經．路加福音》中所提到的其實是：「**愛鄰舍如同愛自己。**」

年輕人　如同愛自己？

哲學家　嗯。這裡說到的不是只有愛你的鄰居，而是要如同愛自己般去愛別人。**如果不能愛自己，也無法愛他人；若是不相信自己，也難以相信他人**。請將這句話所涵蓋的意義一併納入思考。你之所以不斷訴說「無法相信他人」，就是因為不相信自己。

年輕人　您、您這樣的說法太武斷了吧！

哲學家　以自我為中心的人，並不是因為「喜歡自己」，所以眼中只有自己。事實完全相反，**由於無法如實接納自己，始終處於不安之中，才會完全只在意自己**。

年輕人　那麼您是說我因為「討厭自己」，所以眼中只有自己？

哲學家　對，會變成那樣。

年輕人　……欸～這種心理學實在讓人很不爽！

哲學家　關於他人也一樣。譬如當你想起因吵架而分手的情人時，一時之間往往只會想到對方令人厭惡的部分。這是因為你希望自己認為「還好分手了」，也是對於自己的決心感到迷惘的證據。要是不告訴自己「還好分手了」，內心似乎會有所動搖。所以關於這個階段，你應該這樣去想。

一旦你想起了過去情人的優點，那就表示你不再需要積極地厭惡對方，已經從對那個人的種種想法中獲得了解放……「喜歡或討厭對方」已經不再是問題，要問的是：「喜歡現在的自己嗎？」

年輕人　嗯。

哲學家　**現在的你，還沒有辦法喜歡自己，因此無法相信他人，無法相信那些學生，無法跨步向前進入交友關係。**也因為如此，你試圖透過工作來獲得歸屬感。藉由工作中的成果，想實際證明自己的價值。

年輕人　那樣有什麼不對？在工作上獲得認同，也就是受到社會的肯定呀！

哲學家　不是的。從原則論來說，在工作上獲得認同的是你個人的「功能」，而不是「你」。一旦出現「功能」更加卓越的人，你身邊的人就會向他靠攏。這就是市場原則、競爭法則。結果你永遠無法從競爭的紛亂中脫身，大概也得不到所謂真正的歸屬感吧。

年輕人　那要怎樣才能得到真正的歸屬感?!

哲學家　「信任」他人，跨步進入交友關係，除此之外別無選擇。**我們若單單只是獻身於工作之中，並無法獲得幸福**。

年輕人　可是……就算我相信了某人，我也不知道對方是不是會信任我，朝向我踏出那一步，並建立交友關係啊!!

哲學家　這就要「課題分離」了。別人要如何看待你，對你採取什麼樣的態度，這是完全無法操控的他人課題。

年輕人　欸，這樣太奇怪了。您想想，如果以「課題分離」為前提的話，我們與他人豈不是永遠都無法互相了解了嗎？

哲學家　當然，我們不可能完全「了解」對方心中的想法。相信這個「無法了解」的他人，就是信任。我們人類就是因為彼此之間無法心意相通，所以只能相信。

年輕人　嘿！您說的這些根本還是宗教嘛!!

哲學家　阿德勒這位思想家，具備了相信人類的勇氣；不，或許應該說考慮到他當時所置身的狀況，除了相信之外，他已別無選擇。

年輕人　什麼意思？

哲學家　正好藉這個機會，我們來回顧一下阿德勒提倡「社會意識」這個概念的來龍去脈吧。「社會意識」的概念，是在哪裡、如何誕生的？為什麼阿德勒明知會遭到批判，卻還是提倡這樣的想法？其中當然有著重大的理由。

人生中「平凡無奇的日子」即是考驗

年輕人　社會意識誕生的理由？

哲學家　阿德勒與佛洛伊德各分東西後，將自己的心理學命名為「個體心理學」，是在第一次世界大戰爆發的前一年——一九一三年的事。也就是說，在阿德勒心理學萌發之初，他個人隨即捲入大戰當中。

年輕人 阿德勒自己也上戰場了嗎？

哲學家 對。第一次世界大戰一開始，當時四十四歲的阿德勒就以軍醫身分受徵召，在陸軍醫院的精神科服務。軍醫所擔負的職責只有一個，就是治療那些住院的士兵們，盡快將他們再送回前線。

年輕人 ……什麼送回前線嘛，這樣豈不是搞不清楚到底為什麼要醫好那些人了嗎？

哲學家 你說的沒錯。經過治療的士兵要送回前線，但不治療的話，也無法重返社會，對於年幼時就因弟弟去世而立志成為醫師的阿德勒來說，身為軍醫所肩負的職責想必充滿了苦楚吧。阿德勒後來回顧軍醫時代的那一段過往時，曾表示自己「嘗到了如囚犯般的滋味」。

年輕人 唉～光是想像，這份差事就讓人覺得心痛。

哲學家 就這樣，這場「為了結束所有戰爭」而開始的第一次世界大戰，連一般平民百姓都被捲入，成為前所未有的總體戰，為歐洲本土帶來嚴重的破壞。當然，這場悲劇也對阿德勒他們這些心理學家造成巨大的影響。

年輕人 具體來說？

哲學家　例如佛洛伊德，經過第一次世界大戰之後，他提倡了稱為「塔納托斯」（Thanatos）或「Destrudo」的「死亡驅力」。這是具有多種解釋的概念，眼前你先把它當成「對生命的破壞衝動」來思考就可以了。

年輕人　如果不是考量到這樣的衝動，實在沒辦法說明眼前的悲劇浩劫。

哲學家　恐怕是因為這樣吧。另一方面，同樣處於戰爭中，而且是以軍醫身分身歷其境的阿德勒所提出的概念，卻是與佛洛伊德完全背道而馳的「社會意識」，這可以說是特別值得一提的。

年輕人　為什麼是社會意識？

哲學家　阿德勒自始至終都是一位抱持實踐態度的學者。他不像佛洛伊德那樣去追究戰爭、殺人還有暴力的「原因」，他所思考的是**「如何才能阻止戰爭」**。人類會祈求戰爭、殺人或暴力事件發生嗎？應該不可能。只要可以發展出任何人都理當擁有的那種視他人為夥伴的意識——也就是社會意識，就可以避免爭端。而我們都具有達成這項目標的力量……**阿德勒就是這麼相信人類**。

年輕人　……可是，他那種追求空泛理想的姿態，卻遭人批判是不科學的。

哲學家　是的，他遭受很多批判，也失去了許多夥伴。不過，**阿德勒並非不**

科學，而是具建設性。因為他所主張的原理法則是「不在於被賦予了什麼，而是如何去運用它」。

年輕人　但是到了今天，世界各地還是有戰爭發生。

哲學家　的確，阿德勒的理想至今仍未實現。雖然連有沒有可能實現都不知道，但依然可以朝著理想前進。如同每個個體都能持續成長一樣，**人類應該也可以不斷成長**。不該以眼前的不幸為理由而捨棄理想。

年輕人　您是說，只要不捨棄理想，總有一天戰爭也會消失？

哲學家　有人問德蕾莎修女：「為了世界和平，我們應該做些什麼？」修女的回答是：「回到家裡，珍惜你的家人。」阿德勒的社會意識也一樣。不是為了世界和平去做些什麼，而是**要先對眼前的人寄予信任，與眼前的人成為夥伴**。如此日復一日，累積了微小的信任後，終有一天，將連國家之間的爭端都弭平。

年輕人　只要考慮眼前的事就可以了嗎?!

哲學家　不論好壞，都**只能從那裡開始**而已。想要消弭世界的爭端，**首先必須讓自己由爭端中解放**。想要學生相信你，你自己必須先相信他們。不是置身事外去談論全體的問題，而是由**身為全體一部分的自己踏出最初的那一步**。

年輕人　……嗯，三年前您也曾經說過：「應該要由你開始。」

哲學家　對。「必須要有人開始去做。就算其他人不配合，也和你沒關係。這就是我的建議。應該要由你開始，完全不必考慮其他人是否提供協助。」這是阿德勒被問到有關社會意識的實際效用時所說的話。

年輕人　我的這一步就會讓世界改變？

哲學家　或許會變，也或許不會，但結果將會如何，並不是現在要考慮的問題。你所能做的，就是對身邊最親近的人寄予信任，如此而已。

對人類而言的試煉也好，決斷也好，並不是只有在考試、就職、結婚這種具象徵性的人生大事中才會來臨。**對我們來說，平凡無奇的每一天都是考驗，日常生活中的「此時、此刻」都會讓我們面臨重大決定**。逃避試煉而活的人，想必得不到真正的幸福吧。

年輕人　嗯嗯。

哲學家　在談論天下、國家之前，先去關愛你的鄰人。我們能做的，只有那樣而已。

年輕人　……呵呵呵，就是「愛鄰舍如同愛自己」是嗎？

凡給予的，就得著

哲學家　看來似乎還是有些部分無法接受呢。

年輕人　很遺憾的，還是有喔。就如同老師您很貼切地指出，那些學生們瞧不起我；不，不只是學生，這世界上大多數的人都不認同我的價值，無視於我的存在。

如果他們尊重我、願意聽我說，那麼我的態度應該會有所改變吧，甚至還有可能信任他們也說不定。可是現實並不是這樣，那些傢伙總是看輕我。

在這種狀況下，如果有什麼是我能做的，那就只有一件事：透過工作讓他們認同我的價值。就只能這樣。什麼信任啦、尊敬之類的，那都是之後的事！

哲學家　也就是說，他人應該先尊重我，而且為了獲得他人的尊敬，自己要在工作上展現成果？

年輕人　就是那樣。

哲學家　原來如此。那麼請你想想看：對他人無條件寄予信任、尊敬，這是「給予」的行為。

年輕人　給予？

哲學家　對。代換成金錢的話，應該比較容易了解吧。可以「給予」他人一些什麼的，基本上是處於富裕狀況的人。如果自己手中沒有一點積蓄的話，是無法給予的。

年輕人　是啦，以金錢來說是那樣沒錯。

哲學家　然後，現在你什麼也不給，只要求「人家給你」，就好像乞丐一樣。這不是金錢上的窮困，而是心靈上的窮困。

年輕人　太、太過分了……!!

哲學家　我們必須保有豐富的心靈，並將所蓄積的給予他人。不是等待他人的尊敬，而是必須先寄予他人尊敬、寄予信任……不能成為一個心靈貧窮的人。

年輕人　那種目標既不是哲學，也不是心理學！

哲學家　呵呵呵，那我乾脆再告訴你一句《聖經》中的話吧。「凡祈求的，就得著」這句話你知道嗎？

年輕人　喔，這句話偶爾會聽說。

哲學家　如果是阿德勒的話，一定會這麼說：**「凡給予的，就得著。」**

年輕人　……什、什麼!!

哲學家　因為給予，才會得到。不該等待「人家給你」，不可以變成心靈的乞丐……這是延續著「工作」和「交友」，另一個考量人際關係時，非常重要的觀點。

年輕人　另、另一個，所以是……

哲學家　就是今天一開始我說過的，一切的論辯重點都將歸納到「愛」這件事上面。再沒有比阿德勒所說的「愛」更嚴苛艱難、更挑戰勇氣的課題了。同時，那道通往了解阿德勒的階梯，也必須藉由向「愛」跨步向前而找到；不，甚至說除此之外沒有其他方法也不過分。

年輕人　通往了解阿德勒的階梯……

哲學家　你有攀登的勇氣嗎？

年輕人　如果不先讓我看看那道什麼階梯的，我沒有辦法回答。至於要不要攀登，看到了再說。

哲學家　我明白了。那麼，我們就來思考一下有關於「愛」這個人生任務的最終關卡，也是了解阿德勒思想的重要階梯吧。

第五部　選擇愛的人生

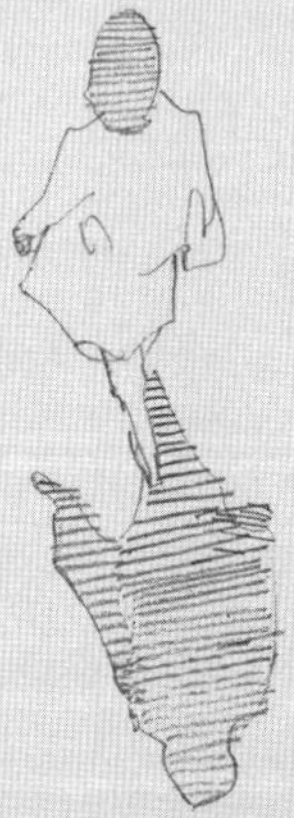

年輕人心想，的確是那樣沒錯。今天的這場論辯，哲學家早在一開始就已經預告：所有的問題，應該都能歸結於「愛」。對談至此，已經花了相當長的時間，終於來到了「愛」的問題上。關於「愛」，究竟該和這個男人談些什麼才好？而我對於「愛」又知道些什麼？低下頭來，看著筆記本上的拙劣字跡，密密麻麻寫了一堆連自己也看不懂，但又好像是筆記的東西。年輕人感到些許不安，彷彿再也禁不住沉默而笑了出來。

愛，不是「陷入」

年輕人　呵呵呵。可是這也實在太奇怪了。

哲學家　怎麼了嗎？

年輕人　根本讓人沒辦法忍住不笑吧？在這間狹小的書房裡，兩個邋遢的男人、兩顆空洞的腦袋湊在一起談論「愛」？而且還是在三更半夜！

哲學家　仔細想想，這狀況或許是有點罕見。

年輕人　那要說些什麼？乾脆來聽聽老師初戀的故事吧？陷入戀情的俊秀哲學青年，命運將如何轉變……嘿嘿，豈不是挺有趣的？

哲學家　……這麼直截了當地談論戀情或愛，會讓人感到難為情。我非常能夠理解年輕的你，想用這種滑稽搞笑的方式來表現的心情。不只你會這樣，許多人也一樣，面對愛的話題時閉口不談，自始至終主張不通人情的一般論。到最後，這世上所談論的愛，幾乎都沒能掌握它的真相。

年輕人　喔～您倒是老神在在呢。所以那個關於愛的什麼「不通人情的一般論」到底是？

哲學家　譬如說，那種崇高而不容玷汙，彷彿將對方神格化的愛；或是反過來，在性欲驅使下的動物性的愛；再來，是為了非得將自己的基因流傳後世的生物學上的愛。這世上所談論的愛，大概都是以其中之一為主軸吧。

的確，我們對這幾種愛都有一定程度的了解，這部分我同意。不過我們應該同時也發現到了，「光是那樣並不足夠」。也就是說，我們只是談論憑空想像的「神的愛」，還有基於本能的「動物的愛」，卻**沒有任何人試圖說明「人類的愛」**。

年輕人　……不是神，也不是動物，是「人類的愛」。

哲學家　那麼，為什麼沒有任何人要踏入「人類的愛」？為什麼不去談論真正的愛？你的意見如何？

年輕人　嗯，談到愛會感覺難為情，就像您剛剛說過的那樣。因為那是最想隱藏起來、很私人的話題。如果是那種具宗教意義的「博愛」，不用說，人人都會談得很起勁。因為那些說起來事不關己，不過就是空泛的言論罷了。但要是關於自己的戀愛，就很難說得出口了。

哲學家　因為那是無法抽離的「我」的事？

年輕人　嗯。差不多就像脫光衣服、赤身裸體那樣令人害羞。而且還有一個原因。通常我們在陷入戀愛的瞬間，幾乎都是來自於「潛意識」的作用，所以要用條理邏輯去說明的話，不論怎麼說都很困難。

就像因為一場戲或一齣電影而感動的觀眾，無法說明自己掉淚的原因一樣。如果是用話語可以解釋說明的那種合乎道理的淚水，應該也就不會流下來了。

哲學家　原來是這樣。戀愛是會讓人「陷入」的。戀愛是一種無法控制的衝動，我們只能任由這樣的狂風暴雨擺布……是這個意思吧？

年輕人　當然。戀愛是沒辦法精打細算去進行的，誰也無法控制。就是因為這樣，才會發生羅密歐與茱麗葉那樣的悲劇。

哲學家　……我懂了。我認為，現在這段話應該可算是關於愛的常識性見解。不過，**質疑世間一般常理、由其他角度聚焦，最後倡導「與常識對立的反命題」的，正是阿德勒這位哲學家**。例如關於愛，他是這麼說的：「所謂的愛，並不像某些心理學家所思考的那樣，**它並不是純真又自然的作用**。」

年輕人　……什麼意思？

哲學家　總之，對人類而言的愛，既不是命運安排，也不是自然發生的。我們並不是「陷入」愛情，就是這麼一回事。

年輕人　那不然是什麼？

哲學家　是建構而成的。如果只是「陷入」的愛，誰都能做到。這種東西不值得稱為人生任務。**正因為它是基於個人意願的力量，由空無一物開始建構而成，愛的任務才會那麼困難**。

大多數人在不知道這般原則的情況下，就試圖去談論愛，所以才不得不仰賴人類不可知的「命運」或動物的「本能」等說法。本應是對自己而言最重要的課題，卻將它排除在個人意願與努力之外，不去正視它。更進一步來說，就是**沒有**

去「愛」。

年輕人　沒有去愛？

哲學家　是的。說著「陷入的愛」的你，一定也是如此吧。我們不是神，也不是動物，必須要思考「人類的愛」。

由「被愛的方法」到「愛人的方法」

年輕人　那種東西，我可以提出無數反證。您聽好了，我們大家都有陷入戀愛的經驗，老師您一定也不例外吧。只要是生活在這世界上的人，像是被愛情風暴捲入，或是對愛無法克制的衝動，都會經歷過好多好多次。也就是說，「陷入的愛」確實是存在的。這樣的事實您應該認同吧?!

哲學家　請你這樣想。假設你很想要一部相機，後來在商店櫥窗裡偶然見到一部德國製的雙眼相機，它完全占據了你的心。這部相機，雖然你連碰都沒碰過，就連對焦的方式也不知道，但希望有一天自己能夠擁有。你想寸步不離地帶著它，隨心所欲拍照……不是相機也無所謂，就算是皮包、車子、樂器等等，什麼都行。那種心情你可以想像嗎？

年輕人 嗯，我非常了解。

哲學家 這個時候的你，簡直就像陷入情網般，對相機著了迷，應該會遭受欲罷不能的欲望「風暴」襲擊。一閉上眼，它的樣子就會浮現腦海，連耳朵深處幾乎都能聽得到快門的聲音，腦袋裡完全裝不進其他東西。如果是小時候，你說不定還會因此在父母面前哭鬧撒嬌，吵著要買它。

年輕人 ……也、也許吧。

哲學家 可是實際上入手後，不到半年你就膩了。為什麼一到手就會膩呢？因為你並不是想用德國製的相機去「照相」，**你只是想要得到、擁有、征服它而已**……你所說的「陷入的愛」，就和這樣的占有欲或征服欲沒什麼兩樣。

年輕人 也就是說，「陷入戀情」這件事，其實就像受到物欲控制那樣嗎？

哲學家 當然，因為對方是活生生的人，所以很容易添加一些浪漫的故事在裡面吧。不過，**本質上與物欲相同**。

年輕人 ……呵呵，可真是傑作。

哲學家　怎麼了嗎？

年輕人　……您根本就不了解人類嘛！沒想到提倡博愛的您，竟然會說出這種愚蠢又充滿濃厚虛無主義意味的說法!!說什麼「人類的愛」！什麼與常識對立的反命題！這種思想什麼的，還不如拿去餵那些喝髒水的老鼠!!

哲學家　關於論辯的前提，恐怕你對兩件事有所誤解。第一，你的焦點放在穿著玻璃鞋的灰姑娘與王子這兩位有情人終成眷屬的故事；然而阿德勒則是聚焦於電影落幕、**兩個人結合之後的「關係」**。

年輕人　落幕之後……的關係？

哲學家　是的。即使是在熱戀後結了婚，那也不是愛的終點。結婚，是真正考驗雙方愛情的起點，因為在現實的人生中，日子將從此延續下去。

年輕人　……所以，阿德勒所談論的愛是指婚姻生活囉？

哲學家　另外還有一件事。對於演講活動十分賣力的阿德勒，據說現場聽眾問得最多的，就是戀愛問題。這世界上，宣揚「被愛的方法」的心理學家有很多吧？會提到該怎麼做，好讓自己得到意中人的喜愛。說不定當時大多數人期待由阿德勒那裡聽到的，也屬於這樣的建議。

然而，阿德勒所提出的愛完全不同。**他向來所提倡的，是積極主動的愛的方法，也就是「愛他人的方法」**。

年輕人　愛的方法？

哲學家　對。要了解這樣的想法，除了阿德勒之外，也可以聽聽弗洛姆的說法。他曾經寫過一部世界級的暢銷作品——《愛的藝術》。

的確，要得到他人喜愛是很困難的，可是「愛他人」更是難度高出好幾倍的課題。

年輕人　您開這種玩笑，誰會相信呀！愛別人這種事，不論是怎樣的惡棍都辦得到。真正困難的是被愛耶！所有關於戀愛的煩惱，就算全部歸結在這一點上也不誇張！

哲學家　我也曾經那麼想。可是在我知道了阿德勒，並透過養育孩子去實踐那樣的思想，以至於如今認識到大愛的存在後，有了完全相反的看法。這是關係到阿德勒思想的骨幹部分。當你真正明白了愛的艱難，想必就能理解阿德勒的一切了。

愛，是「兩人共同完成的課題」

年輕人　不，我不會讓步的！如果只是愛的話，誰都做得到。無論是性格再怎麼彆扭的人，或是多無能的人，都會為了愛慕某人而傷神，也就是有能力去愛人。但是要得到他人的愛，卻是極為困難的。

我就是最好的例子啦。外表是這副模樣，只要面對女性，就會臉紅、拉高嗓門說話、眼神飄移不定。既沒有社會地位，也沒有財力，而且最困擾的就是我這個難搞又彆扭的脾氣。哈哈，去哪裡找得到願意愛我的人?!

哲學家　你的人生到目前為止，曾經愛過誰嗎？

年輕人　……有、有啊。

哲學家　愛那個人，是容易的事嗎？

年輕人　這不是什麼困難或簡單的問題吧！等自己察覺到的時候，早已陷入情網，不知不覺中就愛上了，對方的事在腦海裡完全揮之不去。這不就是所謂的愛嗎?!

哲學家　那麼現在，你正在愛著誰嗎？

年輕人 ……沒有。

哲學家 為什麼呢？愛別人不是很簡單嗎？

年輕人 哼，可惡！跟您說話，簡直就像跟一部不懂人心的機器說話一樣！去「愛」很簡單，無疑的很簡單，可是要「遇見該愛的人」很難呀!!問題就在於「遇見該愛的人」嘛！

一旦遇上了該愛的人，愛的風暴就會呼嘯而來。那種熾烈激情的狂風暴雨是擋也擋不住的！

哲學家 我懂了。所以愛不是「方法」的問題，而是「對象」的問題。對愛來說，重要的不是「如何去愛」，而是「要愛誰」。這樣沒錯吧？

年輕人 這是當然的！

哲學家 這樣的話，我們來確認一下，阿德勒對於愛的關係是如何定義的。

年輕人 ……反正又是那套讓人聽了很不舒服的理想論吧。

哲學家 首先，阿德勒表示：「不論是一個人完成的課題，或是二十個人一起完成的課題，我們都接受過相關的教育。可是，在兩個人共同完成的課題這方面，卻沒有受過教育。」

年輕人　……兩個人共同完成的課題？

哲學家　比方說，連翻身都翻得不太好的小嬰兒，漸漸可以用雙腳站立並四處走動，這是無法由任何人替代的「一個人完成的課題」。站立或走路、學會說話進行交流溝通；又或者是學習哲學、數學、物理等所有學問，全都算是「一個人完成的課題」吧。

年輕人　應該是吧。

哲學家　相對於此，工作就是「和夥伴一起完成的課題」。乍看下是一個人進行作業，譬如就算是畫家這樣的工作，也一定有人協助：製作畫筆或畫具的人、製作畫布的人、製作畫架的人，還有畫商和買家。完全排除與他人的連結和協助的工作，是一項也沒有的。

年輕人　嗯，您說得沒錯。

哲學家　而我們在「一個人完成的課題」與「和夥伴一起完成的課題」方面，已經從家庭或學校中接受了充分的教育。沒錯吧？

年輕人　嗯，是啊。在我任職的學校裡，也很認真在教。

哲學家　但是，關於「兩個人共同完成的課題」卻不曾受到任何教育。

年輕人 「兩個人共同完成的課題」是……

哲學家 就是阿德勒所說的「愛」。

年輕人 **也就是說，所謂的愛是「兩個人共同完成的課題」，可是我們並沒有學習到完成它的「方法」**……這樣的理解可以嗎？

哲學家 可以。

年輕人 ……哼哼。您應該知道我可是完全不相信的，是吧？

哲學家 欸，這裡才只不過是入口而已。對人類而言的愛是什麼？它與工作還有交友關係有什麼不同？還有，我們為什麼必須要愛他人？天快亮了，我們剩下的時間並不多。一分一秒都別浪費，一起來想想吧。

切換人生的「主詞」

年輕人 那我就直截了當地問吧。愛是「兩個人共同完成的課題」……這句話看起來好像在說些什麼，但實際上卻什麼也沒說。到底是要「兩個人」共同完成什麼東西？

哲學家　幸福。完成幸福的人生。

年輕人　喔，馬上就回答了！

哲學家　我們每個人都期望變得幸福，為追求更幸福的人生而活。這部分你同意吧？

年輕人　當然。

哲學家　為了變得幸福，就必須踏進人際關係。人類的煩惱，全都是人際關係的煩惱；而人類的幸福，也全都是人際關係的幸福。這同樣是我重複跟你說明過的部分。

年輕人　嗯。因為這樣，所以必須朝著人生任務邁步前進。

哲學家　那麼具體來說，對人類而言的幸福是什麼？三年前那時候，關於幸福，我提出了阿德勒的結論，也就是**「所謂的幸福，就是貢獻感」**。

年輕人　是的。這是相當大膽的結論。

哲學家　阿德勒說了，**我們每個人只有在認為「我對某人有用處」的時候，才能真正感受到自己的價值**。可以切實感受自己的價值，得到「可以在此安身」

的歸屬感。但是另一方面，我們並沒有辦法知道自己的舉動是否真的有用處。即使眼前有人為此而開心，然而那是不是「真正」的開心，原則上我們並無法得知。

於是在這裡，就出現了「貢獻感」這個說法。**只要擁有「我對某人有用處」這種主觀的感覺，也就是有貢獻感就可以**，毋須進一步的證據。就從貢獻感中尋求幸福，從貢獻感中找到喜悅。

我們會透過工作關係，真實感受到自己對他人有所用處吧？我們會藉由交友關係，真切體會到自己對他人有所幫助吧？如果是這樣的話，幸福就在那裡。

年輕人　嗯，我承認。坦白對您說，這段內容是我目前為止所接觸過的幸福論之中最簡單、最能夠接受的。但也因為這樣，反而不太明白透過愛去完成「幸福人生」的說法。

哲學家　或許是吧。那麼，請你現在回想一下有關分工的討論內容。在分工的根基之下流動的，是「我的幸福」，也就是利己之心。**針對「我的幸福」追根究柢的結果，將會和某個人的幸福連結在一起**，於是分工的關係得以成立。換句話說，就是健全的「互惠」在運作。大致是這樣的內容。

年輕人　是，那是很有意思的論點。

哲學家　另一方面，讓交友關係成立的則是「你的幸福」。不要求對方提供抵押擔保，無條件給予信任。在這裡並沒有互惠的想法。**就是藉由全然相信、一心一意付出的利他態度建立交友關係**。

年輕人　凡給予的，就得著……是嗎？

哲學家　是的。總之，我們藉由追求「我的幸福」去構築分工的關係；透過追求「你的幸福」去建立交友的關係。在這種情況下，所謂愛的關係，又是藉由追求什麼結果而成立的呢？

年輕人　……那應該是所愛那個人的幸福，那種崇高的「你的幸福」吧？

哲學家　不對。

年輕人　喔……不然您的意思是說，愛的真面目是利己主義，也就是「我的幸福」囉?!

哲學家　也不對。

年輕人　那到底是什麼?!

哲學家　不是追求利己的「我的幸福」，也不是期許利他的「你的幸福」，而是**構築不可分的「我們的幸福」**。那就是愛。

年輕人　……不可分的……我們？

哲學家　嗯。**主張比「我」或「你」位階還高的「我們」**。關於人生的一切選擇，要貫徹堅持這樣的順位。不以「我」的幸福為優先，也不只是滿足「你」的幸福。如果不是「我們」兩個人的幸福，就沒有意義。所謂「兩個人共同完成的課題」就是這麼一回事。

年輕人　您是說，既是利己，也是利他……嗎？

哲學家　不是的。既「不是」利己，也「不是」利他。愛，並不兼具利己與利他這兩個面向，而是雙方都排除。

年輕人　為什麼？

哲學家　……**因為「人生的主詞」會改變**。

年輕人　人生的主詞？！

哲學家　自出生以來，我們一直是用「我」的眼睛觀看世界、用「我」的耳朵聆聽聲音，並一邊追求「我」的幸福，一邊走在人生路上。所有人都是如此。可是當認識到真正的愛的時候，**曾經是人生主詞的「我」會變成「我們」**。這不是利己，也不是利他之心，而是在完全嶄新的方針下生活。

年輕人　可是那樣子，說不定「我」會因此消失不見唷？

哲學家　正是要如此。**為了得到幸福人生，「我」是應該要消失不見的。**

年輕人　您說什麼?!

所謂自立，是擺脫「自我」

哲學家　愛是「兩個人共同完成的課題」。兩個人藉由愛，達成幸福的人生。那麼，為何愛會連結到幸福？單單用一句話來解釋的話，那是**因為：愛就是從「我」解放出來。**

年輕人　從我解放出來?!

哲學家　是的。在我們剛降臨人世的那段日子，是以「世界的中心」這樣的姿態而稱霸。身旁每個人都關注「我」，不分晝夜呵護逗弄、餵食，還為我們清理排泄物。只要「我」笑，世界也跟著笑；「我」哭了，世界也為之撼動。幾乎可說是在「家」這個王國裡稱霸的獨裁者。

年輕人　嗯，至少在現代是這樣沒錯。

哲學家　這股宛如獨裁者般壓倒性「力量」的根源在哪裡？阿德勒斷言，那就是「脆弱」。他說，孩童時代的我們，是**藉由自己的「脆弱」在支配大人**。

年輕人　……因為脆弱，所以身旁的人不得不協助的意思？

哲學家　對。「脆弱」，是人際關係中最可怕且強而有力的武器。這是阿德勒基於臨床上深入觀察的結果，所歸納出的重大發現。

我以某位少年的例子來說明吧。這名少年很怕黑。到了夜裡，媽媽把他哄睡後，就會關掉房裡的燈，並離開房間。結果他總是會哭。由於他一直哭個不停，媽媽便走回房裡問他：「為什麼哭？」停止哭泣的他小小聲地回答：「因為房間黑漆漆的。」媽媽察覺到兒子的「目的」，嘆著氣問他：「那媽媽來了之後，有變得比較亮嗎？」

年輕人　呵呵，的確是！

哲學家　黑暗本身並不是問題。少年最害怕、最想避免的其實是離開媽媽。阿德勒斷定：「他一定會想盡辦法，用哭、叫、睡不著或其他手段，把自己變成麻煩人物，好讓媽媽留在身旁。」

年輕人　表現得格外脆弱，支配他的媽媽。

哲學家　就是那樣。我再引用一段阿德勒說的話：「他們曾經活在一段予取予求的黃金時期裡。於是他們之中有些人依然覺得：只要哭的時間夠長、抗議得夠久、拒絕合作的話，應該就能再次得到自己想要的東西吧。他們不會整體觀照人生和社會，完全只聚焦在自己個人的利益上。」

年輕人　……黃金時期！確實是啊，對孩子們來說是黃金時期沒錯！

哲學家　選擇像他們這種生活方式的，不是只有小孩子。**有許多大人同樣以自己的脆弱、不幸、傷口、不得志的環境還有心靈創傷為「武器」，試圖控制他人。**讓別人擔心、限制別人的言行、想支配他人。

阿德勒斷定那樣的大人是「受溺愛的孩子」，並對他們的生活型態（世界觀）提出嚴厲的批判。

年輕人　唉呀，我也非常討厭那種人！那些人以為只要哭了就沒事，只要露出傷口就可以免除罪過；而且還視強者為「惡」人，試圖塑造脆弱的自己是「善」人的形象！依照他們的理論，我們連變得強大都不容許！因為變得強大，就意味著將靈魂賣給惡魔，陷入了「惡」!!

哲學家　可是，我們在這裡必須考慮到的是孩子們，特別是剛出生不久的新生兒，他們在身體上的劣勢。

年輕人　新生兒？

哲學家　原則上，孩子們是無法自己存活的。他們如果不藉由哭泣，也就是展現自己的脆弱來支配身邊的大人、讓對方依照自己的期望行動，就連活到明天都有困難。他們並不是為了撒嬌或任性而哭泣，是為了要生存，才不得不以自己為「世界的中心」來稱霸。

年輕人　……嗯嗯！的確是。

哲學家　所有的人類，都是從幾近過度的「（幼時）自我中心」為出發點；如果不這樣，就無法存活。但儘管如此，**不能永遠都以自己為「世界的中心」而稱霸，必須與世界和解，了解到自己是世界的一部分**……如果到這邊都能夠理解的話，應該就能看出，我們今天談論過無數次的「自立」的意思了吧。

年輕人　……自立的意思？

哲學家　對。為什麼教育的目標是自立？為什麼阿德勒心理學認為教育是最重要的課題之一？所謂的自立，包含了什麼意義？

年輕人　請您告訴我。

哲學家　**所謂的自立，就是「擺脫以自我為中心」。**

年輕人　……?!

哲學家　所以阿德勒才會以「social interest」，也就是對社會、對他人的關心來稱呼社會意識。我們必須從頑強執著的自我中心解放出來，不再以自己為「世界的中心」。我們**非得擺脫「自我」不可，非得擺脫受溺愛的兒童時期那種生活型態不可。**

年輕人　您是說，當我們可以擺脫以自我為中心的時候，才算達成自立？

哲學家　正是如此。人，是可以改變的。可以改變生活型態、世界觀或人生觀；而愛，是將人生主詞的「我」變成「我們」。**我們藉著愛，從「我」之中解放出來，完成了自立，真正地接納了世界。**

年輕人　接納世界?!

哲學家　是的。也就是認識了愛，讓人生的主詞變成了「我們」。這是人生嶄新的起點。**從只有兩人展開的「我們」，將範圍擴大到整個共同體，以至於全體人類。**

年輕人　那就是……

哲學家　社會意識。

年輕人　……愛、自立、還有社會意識!!這是怎麼回事，阿德勒所說的全部都連結在一起了！

哲學家　對，我們現在已經接近總結論了。就讓我們一起進入深淵吧。

哲學家開始談論的「愛」，完全與年輕人原先料想的不同。所謂的愛，是「兩個人共同完成的課題」，那不是「我」的幸福，也不是「你」的幸福，而是必須追求「我們」的幸福。也是由此開始，我們可以擺脫「自我」，從自我中心獲得解放，達成真正的自立。所謂自立，是擺脫兒時的生活型態、脫離自我中心。年輕人直覺感到自己正試圖拉開一扇大門。在大門前方等待自己的，究竟是閃耀的光芒，還是一片黑暗……唯一知道的，是自己已經握住了命運的門把。

那份愛，是為了誰？

年輕人　……深淵會通往哪裡？

哲學家　考量愛與自立的關係時，無法繞道而行的課題就是親子關係。

年輕人　啊……我懂。沒錯，是這樣沒錯。

哲學家　出生不久的孩子們，無法憑著自己的力量活下去。有了他人——原則上是母親不間斷的照顧，性命才得以存續。如今我們可以活著，都是因為有母親和父親的愛與奉獻。那些認為「我完全沒有受到任何人疼愛而長大」的人，絕對不能迴避這樣的事實。

年輕人　就是呀。這是至高無上，不求回報的愛。

哲學家　不過換個角度看，在這樣的愛裡，其實包含了一個光憑美好的親子關係難以解決，而且很棘手的問題。

年輕人　是什麼？

哲學家　不論再怎麼以自己為「世界的中心」而稱霸，小時候的我們只能依靠父母活下去。「我」的性命掌握在父母手裡，如果遭父母拋棄的話會死掉。

孩子們都具有相當的智力，足以了解這件事。於是有一天，他們會發現到，**「我」必須受父母喜愛，才能活下去**。

年輕人 ……的確是。

哲學家 剛好在這個時期，孩子們會選擇自己的生活型態。像是自己所生活的這個世界是個什麼樣的地方、在這裡有什麼樣的人、自己又是什麼樣的人等等，**憑自己的意思去選擇這種「對人生的態度」**……這個事實意味著什麼，你知道嗎？

年輕人 不、不知道。

哲學家 我們在選擇自己的生活型態時，不得不將目標變成「怎麼做才能受人喜愛」。**為了攸關性命的生存戰略，我們所有人都會選擇「為了能討人喜愛的生活型態」**。

年輕人 為了能討人喜愛的生活型態?!

哲學家 孩子是非常傑出的觀察者。他們會考量自己置身的環境、辨別父母的脾氣性情；如果有手足的話，還會衡量其中的地位關係、揣測各自的性格；思考如果「我」是什麼樣子的話，就能獲得疼愛，用以決定自己的生活型態。

例如有些孩子會因此選擇當個對父母言聽計從的「乖小孩」；或者反過來，也有孩子會選擇凡事唱反調、拒絕和反抗的「壞小孩」。

年輕人　為什麼？如果變成了「壞小孩」，豈不是無法受到疼愛了嗎？

哲學家　這是常常遭到誤解的地方。哭泣、發怒、尖叫反抗的孩子們並非無法控制自己的情緒；不如說他們**其實是因為太懂得控制情緒，才會出現那樣的舉動**。他們能直覺感受到，如果不做到這種地步，將無法獲得父母的愛與關注，並進而使自己的性命受威脅。

年輕人　您是說，這也是生存的戰略?!

哲學家　是的。所謂**「為了能討人喜愛的生活型態」，就是摸索著該怎麼做才能引起他人關注、怎樣才能成為「世界的中心」，是貫徹以自我為中心的生活型態**。

年輕人　……總算連結起來了。您要說的就是，我那些學生會做出各種脫序行為，也是因為以自我為中心；他們的脫序行為就是來自於「為了能討人喜愛的生活型態」嗎？

哲學家　還不只是這樣。恐怕**現在你自己所採取的生活型態，也是來自於小**

時候的生存戰略，以「怎麼做才會討人喜愛」為基準吧。

年輕人　您說什麼?!

哲學家　你還沒有達到真正的自立。你依然停留在身為「某人的孩子」那種生活型態裡。如果想協助學生們自立、希望成為真正的教育工作者，你自己必須先自立才行。

年輕人　為什麼？您憑什麼這樣片面認定？我那麼努力得到了教書的工作、活在這個社會上；依自己的意願選擇工作、賺錢養活自己，從來沒有伸手向父母要過錢。我已經自立了！

哲學家　可是你依然不愛任何人。

年輕人　……我?!

哲學家　所謂的「自立」，並不是經濟或就業上的問題。是對人生的態度、生活型態的問題……將來，你下定決心去愛某人的時刻應該也會到來吧。那就是你告別小時候的生活型態、達到真正自立的時刻。因為我們是**藉著愛他人，才得以成為大人**。

年輕人　因為愛，成為大人……?!

哲學家　嗯。**愛是自立，是成為大人。也正因為如此，愛是艱難的。**

怎麼做才能奪得父母的愛？

年輕人　可是我已經可以脫離父母自立了！我絲毫不會想要得到他們的疼愛！我沒有依照父母的期望就業，在薪水微薄的大學圖書館工作，如今踏上了教育工作者之路。我下定決心，即使因為這樣使得親子關係出現裂痕也無所謂，被他們討厭也沒關係。至少對我來說，就業這件事正代表我已經擺脫了「小時候的生活型態」！

哲學家　……我記得你們家是哥哥和你兩兄弟，對吧？

年輕人　是呀。哥哥繼承了爸爸經營的印刷工廠。

哲學家　你很可能認為，與家人從事同樣的工作並不是件好事。對你來說，最重要的應該是「和大家不一樣」吧？如果和爸爸、哥哥從事同樣的工作，不僅無法引人注目，也感受不到自己的價值。

年輕人 您、您說什麼?!

哲學家 不只是在工作方面。從小開始，不論做什麼事，都因為哥哥比較年長，所以力氣大、經驗豐富，你始終贏不過他。那麼該怎麼辦呢？

阿德勒說：「一般而言，最小的孩子會選擇與家中其他人完全不同的道路。也就是說，如果生在科學家的家庭裡，他很可能會成為音樂家或商人吧；如果生在商人的家庭，也許他就成了詩人。他總是非得與他人不同才行。」

年輕人 太武斷了！這樣的說法是在嘲弄人類的自由意志，太過武斷了！

哲學家 嗯，有關於手足順位的說法，阿德勒也只是指出那樣的「傾向」而已。不過事先了解一下自己所處的環境會導致什麼樣的「傾向」，也不錯吧。

年輕人 ……那麼，我哥哥呢？我哥哥會有什麼樣的傾向？

哲學家 排行老大，又是獨生子／女的情況，最大的特權就是享有「一個人獨占父母疼愛的時光」。第二順位以後出生的孩子，則沒有「一個人獨占」父母的經驗，一般來說，總是有個領先自己的對手，在大多數情況下，是處於競爭關係中。

但是，曾獨自享有父母疼愛的長子／女在弟妹出生後，不得不從原來的地位往下滑。這樣的挫折沒有妥善處理好的話，長子／女會認為自己應該再度重返權力寶座。依照阿德勒的說法，他們會**成為「過去的崇拜者」，性格保守，形成對未來悲觀的生活型態**。

年輕人　呵呵呵。的確是，我哥哥是有那樣的「傾向」。

哲學家　他們非常了解力量與權威的重要性，喜歡行使權力，對於律法的支配有過高的評價。完全就是保守的生活型態。

不過在弟妹誕生時，如果已經受過有關合作或協助等方面的教育，長子／女將會成為優秀的領導者。他們模仿父母養育子女的態度，在照顧弟妹上找到喜悅，也會了解貢獻的意義。

年輕人　那第二個孩子呢？像我，既是排行第二，又是老么。第二個孩子又會有什麼樣的「傾向」？

哲學家　阿德勒說，典型的第二個孩子，一眼就可以看得出來。對第二個孩子來說，自己前面通常都有個像節拍器一樣、有如標準和模範般的人物，於是內心深處會有「想要趕上」的念頭，想要趕上哥哥或姊姊。為了追趕上去，必須加快腳步，無止境地逼迫自己趕上兄姊，甚至企圖超越、征服。他們與重視依法支配的保守型長子／女不同，幾乎連出生順位這種自然法則都想推翻。因此**排行第二的人，是以革命為志向**。他們不像老大那樣滿足於既有的權力，而是將價值定位在顛覆既有的權力上。

年輕人　……您是說，我也具有那種個性急躁的革命家「傾向」？

哲學家　這個嘛，不曉得。因為這樣的分類也不過是有助於了解人類，並不會因此決定些什麼。

年輕人　那最後，如果是獨生子女，又會變成怎麼樣？上下都沒有競爭對手，就可以繼續留在權力的寶座上，是吧？

哲學家　的確，不會有手足出現、成為對手。但是在這種情況下，爸爸大概就會變成對手吧。由於太想獨占媽媽的愛，會將爸爸視為對手，也就是容易發展成為戀母情結的環境。

年輕人　喔～那就是有點佛洛伊德式的想法囉。

哲學家　只是，阿德勒更重視的問題是獨生子女在心理上的不安。

年輕人　心理的不安？

哲學家　首先，他們處於一種不知何時會有弟妹出生、自己的地位或許將遭受威脅的不安裡，並在格外擔心有新的王子／公主誕生的情況下過日子。此外，更應該注意的是他們父母的怯懦程度。

年輕人　父母的怯懦程度？

哲學家　對。養育獨生子女的父母中，有些夫婦認為「不論在經濟上或體力上，我們都已經沒有餘力再養育更多子女」，所以只生一個孩子，而不管實際經濟狀況究竟如何。

根據阿德勒的說法，他們大多對人生感到膽怯、悲觀。家中的氣氛充滿不安，會給唯一的孩子帶來過重的壓力、讓孩子受折磨。尤其是在阿德勒那個年代，一般家庭大多會生好幾個孩子，於是更強調了這一點。

年輕人　……所以父母不可以一味只知道愛孩子，是吧？

哲學家　是的。無止境的愛，經常會變成支配孩子的工具，因此所有父母都必須以「自立」這個明確的目標，與孩子建立對等關係。

年輕人　然後，不論孩子出生在什麼樣的家庭，都不得不選擇「為了能討人喜愛的生活型態」。

哲學家　嗯。雖然你不顧父母反對，選擇了圖書館館員的工作，現在也選擇了教育工作者這條道路，但光憑這樣，並不能說你已經自立。因為說不定你只是藉由選擇「不同的路」，想在兄弟競爭中獲勝，好引起父母的關注；或是藉由選擇「不同的道路」達成某些事，讓自己的價值獲得他人認同；甚至只是要推翻既有權力，打算讓自己登上寶座而已。

年輕人　……如果是那樣的話？

哲學家　**你就會受到認同需求的束縛**。你在生活中會只想著該如何才能受人喜愛、怎麼做才能獲得他人認同。就連這條理當是自己選擇的教育工作者之路，說不定你也是以「受他人認同」為目的，過著「他人期待下的我」的人生。

年輕人　……這條路、身為教育工作者的這個人生?!

哲學家　只要你還維持小時候的生活型態，就不能排除那種可能性。

年輕人　喂！您知道什麼呀！看人家老實溫順地聽您說話，就隨便捏造起我和家人的關係，甚至連選擇了教育工作的我都打算否定掉!!

哲學家　並不是只要就業，就能算是自立。這一點是確實無誤的。生活中，我們或多或少都受父母的愛所支配，在這個不得不追求父母疼愛的時代裡，選擇自己的生活型態。**這種「為了能討人喜愛的生活型態」也會隨著年齡增長而強化，**

就這樣成長為大人。

想要擺脫來自於他人的愛的支配，唯有「擁有自己的愛」一途。去愛。不是等待被愛，也不是等著命運安排，而是按自己的意願去愛某人。唯有如此而已。

人們害怕「去愛」

年輕人　……平常不論什麼事情，您都歸結到「勇氣」的問題上，今天打算全部以「愛」來解釋，是嗎？

哲學家　愛與勇氣是緊密連結的。你還不了解愛、害怕愛、對愛有所遲疑，也因為這樣，才會停留在小時候的生活型態中，沒有足夠的勇氣投入愛。

年輕人　害怕愛？

哲學家　弗洛姆說：「人在意識層面害怕自己不受人喜愛，真相其實是**潛意識裡害怕去愛**。」接著又說：「去愛，是在沒有任何保障的情況下採取行動，是將自己完全寄託在如果我愛他，則對方心中也會萌生愛意的期待之上。」

比方說，從無意中察覺到對方好感的那一瞬間起，就會開始注意對方，不久後也慢慢喜歡上對方。這種事常有吧？

年輕人　是啊，的確有。就算說幾乎所有的戀愛都是這樣也不過分。

哲學家　這種情況呢，就算自己會錯意，也彷彿能確信自己「保證被愛」似的，感覺到「那個人一定喜歡我」「對方應該不會拒絕我對他示好」之類的擔保。我們便仰賴這樣的擔保，而能更深入地去愛對方。

另一方面，弗洛姆所說的「去愛」完全沒有這樣的擔保。**無關對方對我有什麼想法之類的，就只是去愛。全然投入愛裡**。

年輕人　……對愛不可以要求擔保。

哲學家　是的。為什麼人們會向愛要求擔保，你知道嗎？

年輕人　因為不想受傷、不想有慘痛的遭遇。是這樣吧？

哲學家　不，不是那樣。是因為對「肯定會受傷」「肯定會有慘痛的遭遇」這樣的想法有一半的確信。

年輕人　什麼?!

哲學家　你還無法愛自己，做不到尊敬、信任自己，所以在愛的關係上會認定「肯定會受傷」「肯定會有慘痛的遭遇」，認為應該不會有人愛上這樣的自己。

年輕人　……可、可是，那不就是事實嗎?!

哲學家　我是個什麼優點都沒有的人，所以無法與任何人建立愛的關係，無法朝向沒有擔保的愛踏出那一步……這就是典型**自卑情結的想法**。**將自己的自卑感當成無法解決課題的藉口**。

年輕人　不、不過……

哲學家　課題要分離。去愛，是你的課題；但對方要如何回應你的愛，這是他人的課題，不是你可以控制的。你能夠做的只有分離課題，**由自己先去愛**，如此而已。

年輕人　……欸，讓我整理一下。我的確沒有辦法愛自己。我有著強烈的自卑感，而且已經發展成為自卑情結。至於應該切割的課題，我沒有確實分離。如果要客觀來判斷我們現在談論的內容，就是這樣沒錯吧？

那麼，要怎麼做才能徹底抹去我的自卑感？結論只有一個。那就是遇上一個接受「這樣的我」，可以愛我的人！如果不是這樣的話，我是不可能愛自己的！

哲學家　總之，你的立場就是「如果你愛我的話，我就愛你」對嗎？

年輕人　……嗯嗯，簡單來說的話是那樣吧。

哲學家　結果，你只在意「這個人能不能愛我」，看似在乎對方，其實眼中只有自己。抱持這種態度在等待的你，究竟有誰會愛上？

假使真有人願意回應這種以自我為中心的要求，應該也只有父母而已。因為父母的愛——尤其是母親的愛，是無條件的。

年輕人　……您打算把我當成小孩看待嗎?!

哲學家　你聽好了，那段「黃金時期」已經結束了。這個世界並不是你的母親。**你要直視自己隱藏起來的兒時生活型態，必須要革新，不該等待那個能夠愛你的人。**

年輕人　啊啊，根本只是在兜圈子嘛！

命中注定的人？根本沒這回事

哲學家　不可以站著不動，再往前一步吧。今天一開始，在關於教育的討論中，我提到了兩件「無法強求的事」。

年輕人　……是尊敬與愛，對吧？

哲學家　對。不論是怎樣的獨裁者，都不能強迫我尊敬他。在尊敬的關係中，只能由我主動先寄予尊敬。至於結果，不管對方展現什麼樣的態度，我能做到的就只有那樣。前面我是這麼說的。

年輕人　然後，愛也是一樣嗎？

哲學家　是的。愛也是無法強求。

年輕人　可是老師，您還沒回答一個很重要的問題。即使是我，也有想去愛別人的心；不騙您，我真的有。先不提對愛的恐懼，我對愛是有渴望的。那麼，我又為什麼不向愛跨出那一步呢？

重點就是，因為我還沒有遇上「應該愛的人」哪！因為沒有遇上命中注定的那個人，才無法實現我的愛呀！關於戀愛最大的難題，就是「邂逅」！

哲學家　你說，真正的愛是由命中注定的邂逅開始？

年輕人　當然囉。因為那是要讓我獻上自己的人生，甚至改變人生「主詞」的對象。要隨隨便便對某個人奉獻我的一切，這我可做不到！

哲學家　這麼說來，什麼樣的人才能稱做是「命中注定的人」？也就是要如何才能察知命運？

年輕人　我不知道……當「那一刻」到來的時候，一定就會知道吧。這對我來說是未知的領域。

哲學家　原來如此。那麼首先，我以阿德勒的基本立場來回答你吧。戀愛也好，這整個人生也罷，**阿德勒一概不承認有「命中注定的人」**。

年輕人　我們沒有「命中注定的人」?!

哲學家　沒有。

年輕人　……等一下，這段話可不能這樣聽聽就算了！

哲學家　為什麼大多數人在戀愛中會尋求「命中注定的人」？為什麼會對結婚對象抱持浪漫的想像？關於這些事，阿德勒斷言：「是為了排除所有的可能人選。」

年輕人　排除可能人選？

哲學家　像你這樣嘆著氣說「沒遇到對象」的人，事實上每天都會遇到一些人。如果不是有什麼特殊狀況的話，沒有人會一整年連半個人都沒遇上……你應該也遇見很多人了吧？

年輕人　如果連那種出現在同一個場合的情況也算的話。

哲學家　只是，要將那種淡淡的「邂逅」發展成某種「關係」，需要一定的勇氣，需要主動和對方聊聊，或是寫寫信什麼的。

年輕人　喔，那是當然的。不只是一定的勇氣，是需要最大的勇氣。

哲學家　在這裡，「進入關係的勇氣」受挫的人，該怎麼辦？他會死命纏住「命中注定的人」這樣的幻想……現在的你就像這樣。

眼前明明就有應該去愛的人，卻編派了一大堆理由，表示「不是這個人」而拒絕，只是低著頭，想著「應該有更理想、更完美、更命中注定的對象」，完全不願意踏入進一步的關係，親手排除一切可能的人選。

年輕人　不、這……

哲學家　藉由提出這種過高且現實中不可能存在的理想，迴避與眼前活生生的人們有所瓜葛。請你務必認識到，那就是**大嘆「沒有邂逅」的人的真面目**。

年輕人　我在逃離「關係」？

哲學家　並且**活在可能性之中**。你認為幸福會主動找上門來，「雖然眼前幸福還未到來，但只要遇上命中注定的人，一切應該都會順利發展。」

年輕人 ……太可惡了！啊啊，這樣的洞察真令人憎厭！

哲學家 的確是，這種說法聽了並不好受吧。但是想想追求「命中注定的人」的「目的」，我們的討論自然在這裡有了定論。

愛是「決斷」

年輕人 那麼請問您，假設「命中注定的人」並不存在，我們要以什麼來衡量、決定結婚這件事？所謂的結婚，是從這廣大的世界裡選擇唯一的「這個人」對吧？難不成就是以外貌、財力、地位這些「條件」去選擇？

哲學家 所謂的結婚，並不是選擇「對象」，是選擇自己的生活方式。

年輕人 選擇生活方式?!那您的意思是，不論「對象」是誰都可以嗎？

哲學家 說得極端一點就是那樣吧。

年輕人 別、別開玩笑了!!這種說法誰會同意啊！請您收回去，現在立刻收回去!!

哲學家　我承認，這個說法會遭受許多反彈。但**無論是怎樣的人，我們都有辦法去愛**。

年輕人　怎麼可能！這麼說，難道您可以在路上隨便找一位來歷不明的女性愛上她，還跟她結婚嗎？

哲學家　如果我決心要那麼做的話。

年輕人　決心?!

哲學家　當然，感覺到與某人相遇是「命運安排」，之後順著這種直覺決定結婚的人很多。不過那並不是早已命定的命運，只是他本人**決定「相信這是命運」而已**。

弗洛姆留下了這段話：「愛上某人，並不單單只是激烈的情感。**那是一種決心、決斷、還有約定**。」

邂逅形式之類的怎樣都好。如果下定決心要以它為起點去建構真正的愛，正面迎接「兩個人共同完成的課題」，不管是什麼樣的對象都能去愛。

年輕人　……您注意到了嗎？老師您現在正在對自己的婚姻吐口水！說自己

的太太其實並不是命中注定的那個人，不論對方是誰都無所謂!!您敢在家人面前那樣說嗎?!如果敢的話，那您實在是個令人難以想像的虛無主義者!!

哲學家　不是虛無主義，是現實主義。阿德勒心理學否定所有的決定論，也不接受宿命論。我們的生命中既沒有「命中注定的人」，也不可以等待那個人出現。只是等待，什麼也不會改變。這個原則我完全不打算退讓。

不過，當你回頭看看與夥伴一起走過的漫長歲月時，其中還是會有些事物讓你感覺好像「某種命運般的安排」。那種情況下的「命運」既非早已命定的，也不是偶然降臨，應該是兩個人努力打造的結果。

年輕人　……什麼意思?

哲學家　你已經明白了吧?**所謂的「命運」，是要用自己的手去打造的。**

年輕人　……!!

哲學家　我們不可以成為命運的僕人，必須是命運的主人；不是追求命中注定的那個人，而是打造足以稱為命運的關係。

年輕人　但具體來說，要怎麼做?!

哲學家　舞動起來。不去考慮未知的將來，也不考慮應該不存在的命運，就只是一心一意與眼前的夥伴舞動於「當下」。

阿德勒認為這樣的舞動是「兩個人參與共同事業的一種遊戲」，他也鼓勵孩子們如此去做。愛與結婚，正像是兩個人一起共舞。不考慮要往哪裡去，手牽著手，正視並專注於今天的幸福、當下的這一瞬間，一圈又一圈跳著舞。而你們長年以來舞動的軌跡，人們便稱它為「命運」。

年輕人 愛與結婚，是兩個人一起跳的舞……

哲學家 眼前，你正站在人生這座舞池的牆邊，從旁看著那些跳舞的人。你認定「應該沒有人願意和這樣的我一起跳舞」，內心深處卻焦急等待著那個「命中注定的人」向自己伸出手來。為了不想有更慘痛的遭遇、不想討厭自己，正咬緊牙根、使盡全力在守護自己。

應該去做的事，其實只有一件。**牽起身旁那個人的手，以現在的自己盡可能去跳跳看。命運，就從那裡開始。**

重新選擇生活型態吧！

年輕人 在舞池牆邊旁觀的人……哼哼，您還是一樣，把人當成一條破布來看待……不過我呢，當然試過進入舞池跳那場舞，實際上也真的去跳了；也就是說，曾有交往過的女朋友。

哲學家 嗯，想必是吧。

年輕人 然而那並不是與婚姻有所連結的關係。我和她都不是因為相愛而交往，不過就是想要一個可以互相稱呼「男朋友」和「女朋友」的對象而已。我們兩個人都很清楚，這樣的關係總有一天會結束。談論的話題中也從來沒有過關於未來，甚至是結婚的事。簡直就像是轉瞬間的關係。

哲學家 人生的年輕時光裡，也是會出現這樣的關係。

年輕人 而且一開始，我就是帶著妥協讓步的心態與她交往，覺得自己「雖然也有許多不滿，卻不是可以過分奢求的立場。這樣的對象對自己來說，其實是恰如其分的。」相信她也是因為這樣而選擇了我。唉，現在想想，這種想法真是丟臉。即使不能過分奢求是事實，但也不該那麼想。

哲學家　你能夠坦然面對這樣的心情，很了不起。

年輕人　這裡有件事一定要請教您。究竟老師您是根據什麼決定要結婚的？「命中注定的人」並不存在，往後兩人將變成如何也不知道，而且很有可能遇上更好的人，如果結了婚，這樣的可能性就消失了。明知如此，我們，不，老師您是如何決定要跟唯一的「這個人」結婚？

哲學家　因為我想變得幸福。

年輕人　啊？

哲學家　如果愛上這個人，自己就會變得更幸福。我是那麼想的。現在看來，那是一種追求「我們的幸福」更勝於「我的幸福」的心意吧。只是當時的我既不認識阿德勒，也沒有用道理來考量愛與結婚這些事，單純只是想要變得幸福，如此而已。

年輕人　我也是一樣啊！大家都希望能夠幸福，所以開始交往。可是那跟結婚是兩件事吧！

哲學家　……你想要的應該**不是「變得幸福」，而是能更輕鬆地「變得安逸舒適」吧**？

年輕人　……什麼!!

哲學家　在愛的關係中，等著我們的不全然都是快樂的事。有些不得不承擔的責任很重大，也會有傷心難過的事、無法預料的苦難。**儘管如此，依然能夠去愛嗎**？不論遭遇任何困難，一樣愛這個人、擁有一起走下去的決心？能夠做出這些約定嗎？

年輕人　所謂愛的……責任是？

哲學家　舉例來說，有人嘴上說著「喜歡花」，卻任由它枯萎。既忘了澆水，也不替植株換盆，更未去考量日照的問題，只顧著將它放在醒目、顯擺的地方。的確，這個人喜歡觀賞花朵是事實，可是這稱不上是「愛花」。愛，是更加奮不顧身的行動。

你的情況也一樣。你迴避了愛人者應背負的責任，光是貪圖戀愛的果實，卻不給花澆水，也不埋下種子。事實上就是及時行樂、貪圖享受的愛。

年輕人　……我知道啦！我當時並不愛她！我只是貪圖方便，利用了她的好意而已！

哲學家　你不是不愛她。你是**不知道「要去愛」**。如果當時你知道的話，應該已經和她建立起「命中注定」的關係了。

年輕人　跟她？我跟她嗎?!

哲學家　弗洛姆說：**「所謂愛，是一種信念的行為，只擁有微薄信念的人，也只能愛得很微薄。」**如果是阿德勒的話，應該會將「信念」轉換成「勇氣」吧。你只擁有微薄的勇氣，所以也只能愛得很微薄。不具備愛的勇氣，試圖停留在童年時那種被愛的生活型態中。不過如此。

年輕人　如果有愛的勇氣，我和她……

哲學家　……嗯。去愛的勇氣，也就是**「變幸福的勇氣」**。

年輕人　您是說，當時我如果擁有「變幸福的勇氣」，我就能去愛她，並且面對「兩個人共同完成的課題」？

哲學家　接著應該就能達到自立吧。

年輕人　……不、不，我不懂！因為只有愛、就只有愛嘛！我們要得到幸福，真的就只能憑靠愛嗎?!

哲學家　就只有愛。「想要活得快樂」「希望安逸舒適」的人，儘管求得了片刻的快樂，卻無法掌握真正的幸福。**我們唯有藉著去愛他人，才能擺脫以自我**

為中心；唯有透過去愛他人，才能促成自立；然後也是因著愛他人，才終於能發掘出社會意識。

年輕人　不過，您之前不是說，幸福就是貢獻感，「只要擁有貢獻感，就能獲得幸福」？難道那些是謊話?!

哲學家　不是謊話。問題在於獲得貢獻感的方法；又或者說是生活的方式。原本，人們光是存在於那裡就已經是對某人有貢獻了。不以眼中可見的「行為」，而是藉由「存在」就能有所貢獻。沒有必要做些特別的事。

年輕人　騙人！我實際上根本就沒有感覺到！

哲學家　那是因為你依然以「我」為主詞在過日子。**認識了愛，能夠以「我們」為主詞去生活的話，將會有所改變。實際了解到光是活著，就能對彼此有所貢獻，並切實感受到包含全人類在內的「我們」**。

年輕人　……您說，不是只有夥伴，而是切實感受到包含全人類在內的「我們」？

哲學家　換句話說，就是社會意識……好吧，對於你的課題，我不能再進一步涉入了。但如果你希望我給點建議的話，我會這麼說：**「要愛，要自立，並且**

選擇人生。」

年輕人　要愛，要自立，並且選擇人生！

哲學家　……你瞧，東方的天空已漸露曙光。

年輕人此刻已徹頭徹尾了解阿德勒所說的愛。如果我擁有了「變幸福的勇氣」，就會去愛某個人、再次選擇自己的人生，並達成真正的自立吧。原本籠罩在眼前的濃霧瞬時消散。只是年輕人還不知道，濃霧散去後，在前方等待的並非人間樂土般的美麗草原；而愛、自立、選擇人生，又將是一條如此艱難的道路。

維持單純

年輕人　這結論可真是……

哲學家　差不多該在這裡畫下句點了。今晚，將是我們最後一次會面。

年輕人　咦？

哲學家 這間書房，不該是你這樣的年輕人一再前來的地方。更重要的是，你是一名教育工作者，你應該待的地方是教室；你應該交談的夥伴，是將繼續活下去的孩子們。

年輕人 可是問題還沒解決！在這裡就結束的話，我一定會再度迷路。因為我還沒抵達阿德勒的階梯！

哲學家 ……的確還沒開始登上階梯。不過，應該已經踩到了第一階吧。三年前我曾經說過：**「世界很單純，人生也一樣。」**在我們結束談論的此刻，讓我再加上一句話吧。

年輕人 是什麼？

哲學家 **世界很單純，人生也一樣。可是，「要維持單純卻很困難」。因為「平凡無奇的日子」就是考驗。**

年輕人 啊……!!

哲學家 單單只是認識阿德勒、認同阿德勒、接受阿德勒，人生是不會改變的。人們常說，「開頭的第一步」最重要，只要超越了就沒問題。當然，最大的轉折點就是這個「第一步」。

然而真實的人生裡，平凡無奇的日子所帶來的考驗，其實是在踏出「第一步」之後才開始的。**真正受到考驗的，是持續走下去的勇氣**。正如同哲學一樣。

年輕人　的確是，確實每一天都是考驗!!

哲學家　此後，或許你還會不斷再與阿德勒意見相左、懷有疑問，或是想停下腳步也說不定；也可能對於去愛感到疲倦、想追求被愛的人生，甚至想再度來到這間書房。

不過，到那時候，請你與孩子們，還有即將一起生活在全新時代的夥伴們對話。然後可能的話，不要原封不動地將阿德勒思想傳承下去，請透過你們的手去更新。

年輕人　由我們去更新阿德勒?!

哲學家　阿德勒並不希望自己的心理學成為制式的教科書，只在專業人士之間傳承。他將自己的心理學定位為**「所有人的心理學」**，希望它遠離學院派的世界，**做為一種人們共通的常識而永續留存**。

我們不是手持亙古不變的神聖典籍的宗教家，阿德勒也不是神聖不可侵犯的教祖，他是與我們同處在一條地平線上的哲學家……光陰流逝，未來會有新的技術、新的關係，還有新的煩惱誕生，人們共通的常識也會因應時代漸漸轉變。正因為我們重視阿德勒的思想，所以必須將它更新，不能成為基本教義派。而這也是要託付給活在全新時代的人們的使命。

給創造新時代的朋友們

年輕人　……老師，老師您今後有什麼打算?!

哲學家　想必還會有年輕人耳聞風聲前來吧。因為不論時代如何變遷，人類的煩惱並不會改變……請你記住，我們的時間有限。只要是在時間受限的情況下，一切人際關係的成立都將以「離別」為前提。這不是什麼虛無主義式的說法，實際上，我們就是**為了離別而相遇**。

年輕人　……嗯，的確是。

哲學家　既然如此，我們能做的應該就只有一件事。**在所有的邂逅與一切人際關係上，一心一意不斷朝著「最美好的離別」去努力**。如此而已。

年輕人　不斷朝著最美好的離別去努力?!

哲學家　也就是盡可能地不斷努力，當離別的日子到來時，讓自己能坦然接受「與這個人的相遇、共度的時光，並不是一場錯誤」。與學生的關係、與父母的關係，還有與愛人的關係都一樣。

例如現在，你與父母的關係突然結束了，或是與學生、朋友的關係結束了，你都能以「最美好的離別」來接受嗎？

年輕人　欸、不。很……

哲學家　那就只能從現在開始，去建構出能讓自己如此認為的關係。**「認真地活在當下」**就是這個意思。

年輕人　還來得及嗎？從現在開始也來得及嗎？

哲學家　來得及。

年輕人　可是要實踐阿德勒的思想需要時間。老師您不也曾經說過：「需要花上現在歲數的一半時間。」

哲學家　是的。不過，那是阿德勒學說研究者的見解。阿德勒自己其實說了完全不一樣的話。

年輕人　什麼話？

哲學家　在被某人問到：「人類想要改變的話，有時間的限制嗎？」阿德勒的回答是：「確實有時間限制。」接著他露出頑皮的笑容，加上了這一句：「直到你迎接死亡的前一天為止。」

年輕人　……哈哈！這位大師真是的！

哲學家　朝著愛，邁出你的步伐吧。然後，與你所愛的人一起朝向「最美好的離別」不斷努力。完全不必在意時間上的限制。

年輕人　您認為我可以做得到嗎？像那樣不斷地努力？

哲學家　當然。我們自從三年前相識以來，一直不斷努力到現在。然後此刻正準備迎接「最美好的離別」。對於我們共同度過的時光，想必沒有絲毫後悔。

年輕人　……是的、是的！完全沒有！

哲學家　能夠以如此神清氣爽的心情道別，我感到很驕傲。對我而言，你是最美好的友人。謝謝你。

年輕人　唉呀，我當然也感到很慶幸。能讓您這麼說，我很慶幸，真的。可是，我對於自己是不是值得這樣的評價並沒有自信！真的有必要在這裡永遠道別嗎？我們不能再見面嗎？

哲學家　這就是你身為一個愛智之人，也就是一名哲學家的自立。三年前我曾說過吧？答案，不是由他人來給予，要自己親手去尋找。你已經做好準備了。

年輕人　從老師那裡……自立……

哲學家　這次會面讓我得以抱著很大的希望：你的學生從學校畢了業，後來愛上某人，達成了自立，並成為真正的大人。當這樣的學生增加到數十、數百人之後，時代說不定就可以趕得上阿德勒了。

年輕人　……正如同三年前，我以教育這條路為志向時的目標就是那樣啊！

哲學家　要創造那個未來的就是你，毫無疑問。未來之所以看不見，是因為它擁有無限的可能性。**正因為我們看不見未來，才能成為命運的主人**。

年輕人　是，看不見，完全看不見！一片空曠，什麼也沒有！

哲學家　我從來不曾收過任何學生，對於你，也盡量小心謹慎不以學生的身分去看待。然而在我將能夠傳達的事全都傳達給你後，此刻我才終於明白。

年輕人　明白什麼？

哲學家　過去我所尋求的，不是學生，也不是繼任者，而是一位陪跑員。今後，你將以一位與我揭示共同理想、無可替代的陪跑員身分，為我邁出的步伐增添勇氣。往後不論你在哪裡，我應該都會一直感覺到你就在身邊。

年輕人　……老師!!我會跑，我會陪伴您跑下去，永遠!!

哲學家　來吧，抬起頭來回教室去吧。學生們在等著你；嶄新的時代、屬於你們的時代在等著你。

與世隔絕的哲學家書房。只要一踏出這扇門，等在外頭的便是一片混沌，是嘈雜、衝突不斷的日常生活。「世界很單純，人生也一樣」「可是，要維持單純卻很困難，因為平凡無奇的日子就是考驗」。正是如此。但儘管如此，我還是要再度投身進入這片混沌裡。因為我的夥伴、我的學生都生活在這廣大的混沌之中；因為我生活的地方，就在那裡……年輕人深深吸了一口氣，下定決心推開現實的那扇門。

〈後記〉

再一次發現阿德勒

古賀史健

本書是二〇一三年與岸見一郎老師共同著作出版的《被討厭的勇氣》續篇。

原本並沒有撰寫續篇的計畫。阿爾弗雷德．阿德勒這位思想家，以阿德勒心理學的創始者而為人所知。有關於他的一切，前作的內容儘管未達盡善盡美，但在擷取該思想核心精髓之處，我個人認為或可算是功德圓滿。除了已透過《被討厭的勇氣》一書中感受到這一點外，我們也實在難以找出為一本理當已經完結的作品籌畫「續集」的意義。

後來，前作出版約莫一年後的某次閒聊中，岸見老師透露出這樣的想法：

「如果蘇格拉底或柏拉圖生在現代，他們或許會選擇精神科醫師之路，而不是哲學。」

蘇格拉底或柏拉圖成為精神科醫師？

希臘哲學的思想將被帶入臨床現場？

由於太過驚訝，我一時竟說不出話來。岸見老師在日本除了是阿德勒心理學的第一把交椅之外，也是有能力譯介柏拉圖作品並精通古希臘學說的哲學家。當然，這段話並不是在貶低希臘哲學，而是如果只能為本書舉出一個誕生的契機，那麼就非岸見一郎老師所說的這段話莫屬了吧。

阿德勒心理學一概不用艱澀難懂的專門術語，而是以任何人都能理解的淺顯用字來談論人生的種種問題。與其說是心理學，更不如說是具有哲學效果的思想。我認為，《被討厭的勇氣》或許也是這樣，並非做為心理學書籍，而是以一種人生哲學為大家所接受。

然而另一方面，這種哲學性的迴響，難道不會顯現出該思想在心理學上的不完美還有科學上的缺陷嗎？是否也正因為如此，阿德勒才成了「被遺忘的巨人」？甚至因為在心理學上的不成熟，而無法在學界擁有不可動搖的地位？我就這樣帶著這些疑問，在未能獲得解答的情況下，持續接觸阿德勒學說至今。

為我帶來一線曙光的，正是岸見老師的那句話。

阿德勒並不是為了分析人類內心而選擇心理學。對於因胞弟過世而決定以醫學為志向的他來說，其思想的中心課題向來都是：「對人類而言的幸福是什麼？」只不過對於阿德勒生活的二十世紀初期而言，在了解人類、探究幸福真相這方面，最先進的手法恰巧是心理學而已。所以不該因為受到「阿德勒心理學」這個名稱所吸引，就單單只針對他與佛洛伊德或榮格之間的差異比較去埋首鑽研。因為阿德勒要是誕生在古希臘的話，應該會選擇哲學；而蘇格拉底與柏拉圖倘若生於現代，或許會選擇心理學也不一定……關於岸見老師常說「阿德勒心理學是與希臘哲學在同一線上的思想」這句話的涵義，我似乎終於可以理解。

於是，將阿德勒眾多著述當成「哲學書籍」重新拜讀之後，我再度前往位於京都的岸見老師府上拜訪，展開一次長時間對談。主題，當然就是幸福論，也就是阿德勒一貫提問的：「對人類而言的幸福是什麼？」

較前次討論更為熱烈的對談中，提到了教育論、組織論、工作論、社會論，甚至是人生論，最後連「愛」與「自立」這樣的大主題也浮上了檯面。關於阿德勒所談論的愛，還有自立，不知各位讀者有何感受？若是各位能如同我個人過去那樣，彷佛感覺到一股強烈撼動人生的驚奇與希望，那麼，再沒有任何喜悅更勝於此了。

最後，我要由衷感謝岸見老師，一直以來都以一位愛智的哲學家身分正面且真誠地對待我；編輯柿內芳文先生與鑽石社的今泉憲志先生，在漫長的寫作期間以堅定的毅力支持我；最重要的，當然還是各位讀者。

感謝您們。

〈後記〉

不要停下腳步，繼續前進吧！

岸見一郎

超越時代一百年的思想家，正是這位阿爾弗雷德·阿德勒。

自二〇一三年《被討厭的勇氣》發行以來，在日本，和阿德勒話題有關的環境有了極大轉變。例如在演講中或大學課堂上談到阿德勒的時候，如果是過去，就必須先從「一百年前，有一位名叫阿德勒的思想家」這句話開始說起。

然而現在，不論去到全國各地任何地方，都不必再說那句話了，就連出現在問答時間裡的提問，都是直搗核心的尖銳問題。如今早已不再是「一百年前，有一位名叫阿德勒的思想家」，大多數人都的確強烈感受到「阿德勒的存在」。

這種狀況不但讓《被討厭的勇氣》創下日本史上最長連續五十一週位居排行榜第一名的紀錄，和日本同樣銷售突破百萬冊的韓國，也讓人有這種感覺。

在歐美各國廣為人知的阿德勒，其思想經過百年之後，才終於為亞洲地區所接受，令我這個長期研究阿德勒的人有著深深的感慨。

前作《被討厭的勇氣》，是為了讓讀者認識阿德勒心理學、綜觀阿德勒思想，也就是宛如「地圖」般的一本書。那是我和共同作者——古賀史健先生以「阿德勒心理學入門經典書籍」為目標，一起花費數年才建構完成的大地圖。

另一方面，本書則是為了能實踐阿德勒思想、踏上幸福人生的「指南針」，意即讓我們知道如何朝著前作所提示的目標前進，也可說是行動方針。

阿德勒一直都是一位容易遭到誤解的思想家。

尤其是「鼓勵（賦予勇氣）」這方面的論述。在教養子女、學校教育，以及企業等人才培育的現場，往往遭人以「支配、操控他人」這種與阿德勒本意相去甚遠的說法去推介，遭到濫用的例子甚至可說層出不窮。

這或許是因為，比起其他心理學家，阿德勒對「教育」更具熱誠。學生時代的阿德勒對社會主義抱持強烈的關注，但第一次世界大戰後，他認識到俄國革命的真相，對馬克思主義感到失望。因此，他認為不該以政治改革，而是透過教育改革來達成人類救贖，並以此為志向。

特別是維也納市，在阿德勒的推動下，許多公立學校都設立了世界首創的兒童諮商中心，功績卓越。

而且他不只在兒童諮商中心為孩童或父母進行治療，還將這裡活用為教師、醫師，以及諮商師的訓練場所。換言之，阿德勒心理學是以學校為起點，進而拓展到全世界。

對阿德勒而言，教育並不在於學力的提升或問題學生的矯正輔導等這種層次的課題。促使人類進步、改變未來，這才是他心目中的教育。

阿德勒甚至斷言：「教師形塑孩子們的內心，人類的未來全都由教師一手掌握。」

那麼，阿德勒會因此只針對教育工作者抱有特別的期待嗎？

並非如此。如同他將諮商定位於「再教育」這件事所讓我們了解到的，阿德勒認為，生活在共同體中的所有人類都在從事教育，也都在接受教育。實際上，透過養育子女而邂逅阿德勒的我，就從孩子們身上學習到許多「理解人性」的智慧。不用說，您當然也一樣，既是教育工作者，也是一名學生。

談到有關於自己的心理學，阿德勒表示：「了解人類並不容易。個體心理學（阿德勒心理學）恐怕是所有心理學中，最難學以致用的了。」

單單只是學習阿德勒心理學，是什麼也不會改變的。

如果只當成一種知識去認知，是一步也不可能前進的。

而且就算鼓足勇氣踏出了那一步，也不可就此停下腳步。必須跨出一步，再一步。永無止盡的步伐累積之後，就是「進步」。

研讀過地圖、手持指南針的你，今後將踏上什麼樣的道路？亦或是停留在原處？本書若能協助各位擁有「變幸福的勇氣」，將是我至高無上的喜悅。

Eurasian Publishing Group
圓神出版事業機構
用心與你對話．視野無限寬廣
究竟出版社
Athena Press
www.booklife.com.tw
reader@mail.eurasian.com.tw

哲學 031

被討厭的勇氣　二部曲完結篇：人生幸福的行動指南

作　　者／岸見一郎、古賀史健
譯　　者／葉小燕
發 行 人／簡志忠
出 版 者／究竟出版社股份有限公司
地　　址／台北市南京東路四段50號6樓之1
電　　話／（02）2579-6600．2579-8800．2570-3939
傳　　真／（02）2579-0338．2577-3220．2570-3636
總 編 輯／陳秋月
主　　編／王妙玉
責任編輯／林雅萩
校　　對／林雅萩．王妙玉
美術編輯／金益健
行銷企畫／吳幸芳．張鳳儀
印務統籌／劉鳳剛．高榮祥
監　　印／高榮祥
排　　版／莊寶鈴
經 銷 商／叩應股份有限公司
郵撥帳號／18707239
法律顧問／圓神出版事業機構法律顧問　蕭雄淋律師
印　　刷／祥峯印刷廠
2016年11月　初版
2024年9月　166刷

定價 320 元　ISBN 978-986-137-227-3　

世界很單純，人生也一樣。
可是，要維持單純卻很困難。
因爲平凡無奇的日子就是考驗。
——岸見一郎、古賀史健，《被討厭的勇氣　二部曲完結篇》

國家圖書館出版品預行編目資料

被討厭的勇氣　二部曲完結篇——人生幸福的行動指南／岸見一郎、古賀史健 著，葉小燕 譯；-- 初版 -- 臺北市：究竟，2016.11
304 面；14.8×20.8公分 --（哲學；31）
譯自：幸せになる勇気：自己啓発の源流「アドラー」の教えⅡ
ISBN 978-986-137-227-3（平裝）
1. 阿德勒(Adler, Alfred, 1870-1937)　2.學術思想　3.精神分析學
175.7　　105017481